基本がいちばんよくわかる
アクセサリーのれんしゅう帳

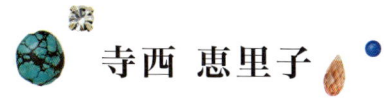 寺西 恵里子

CONTENTS

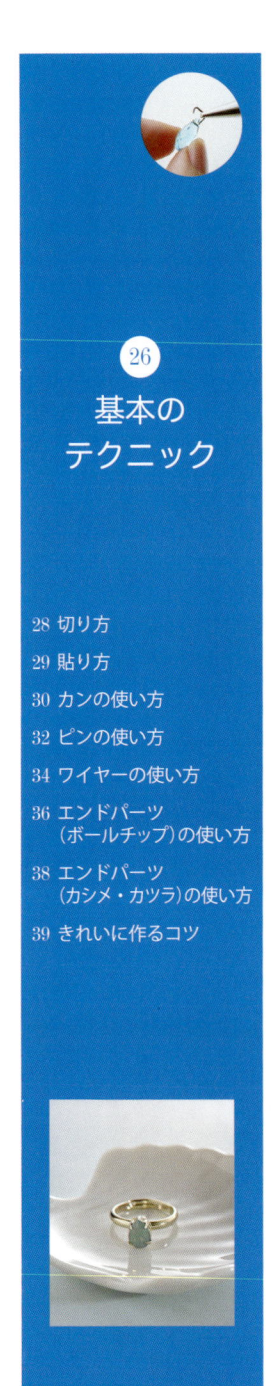
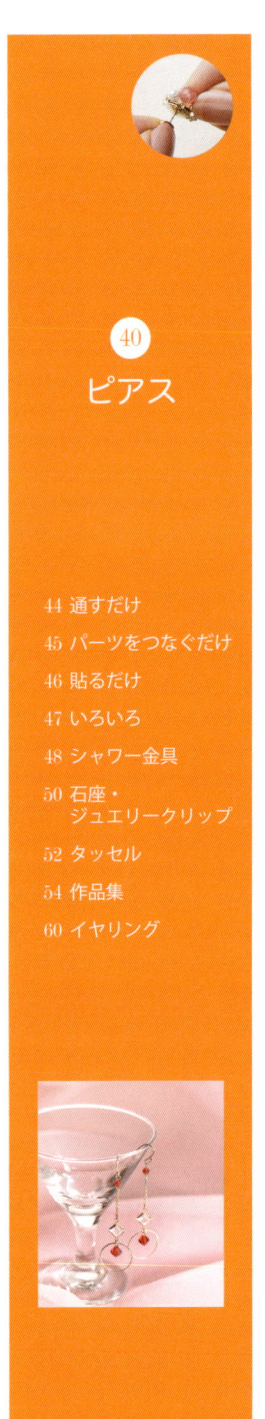
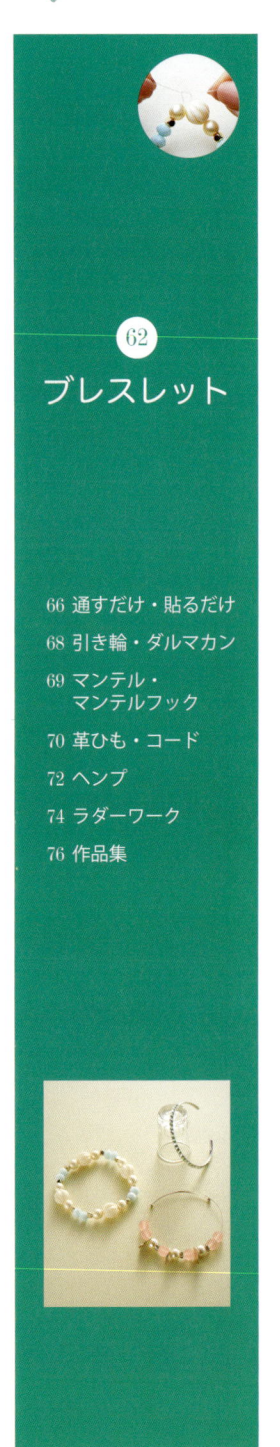

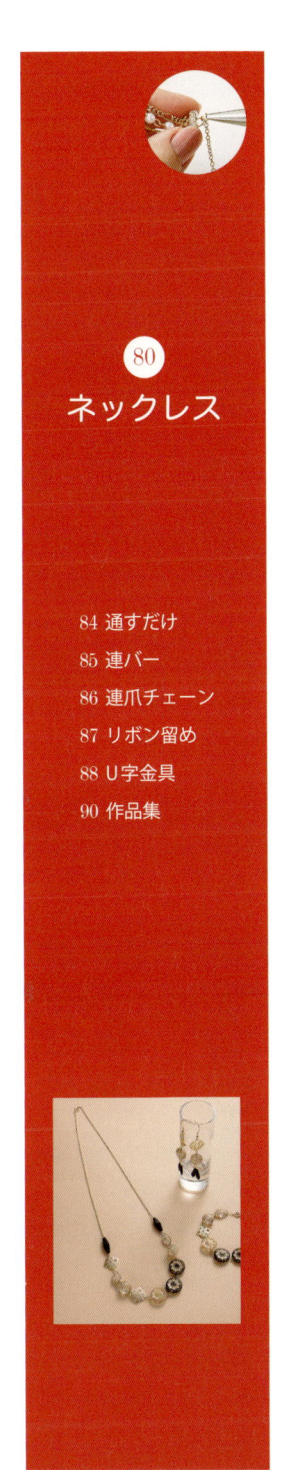

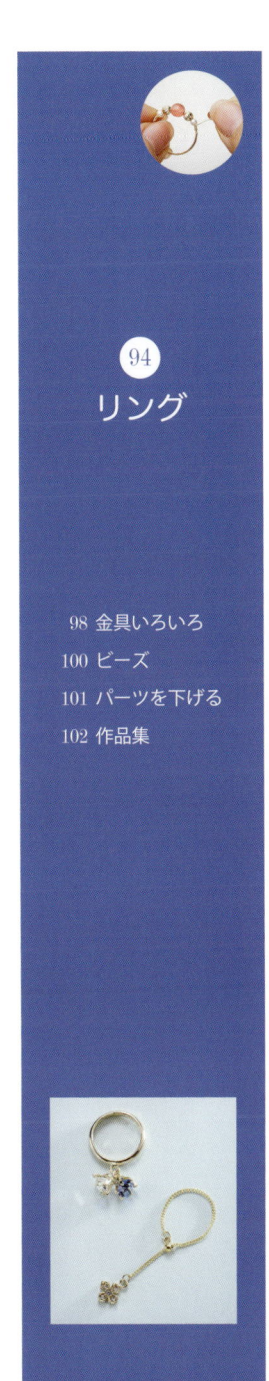

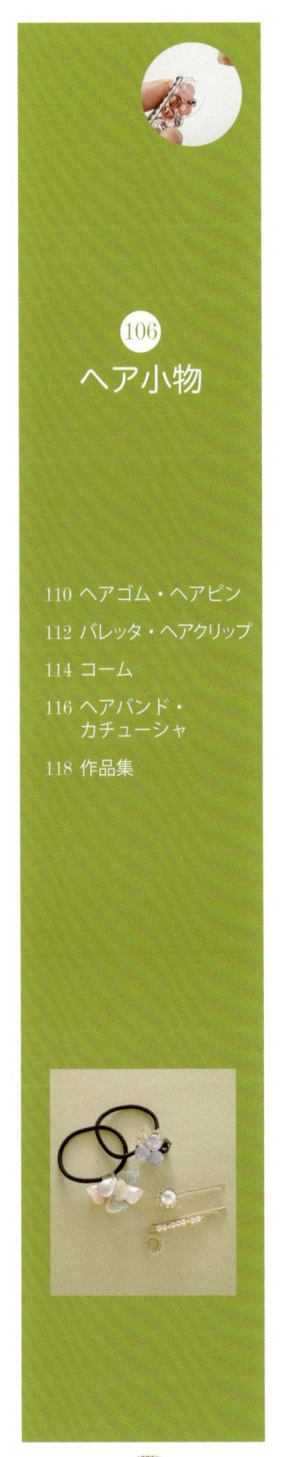

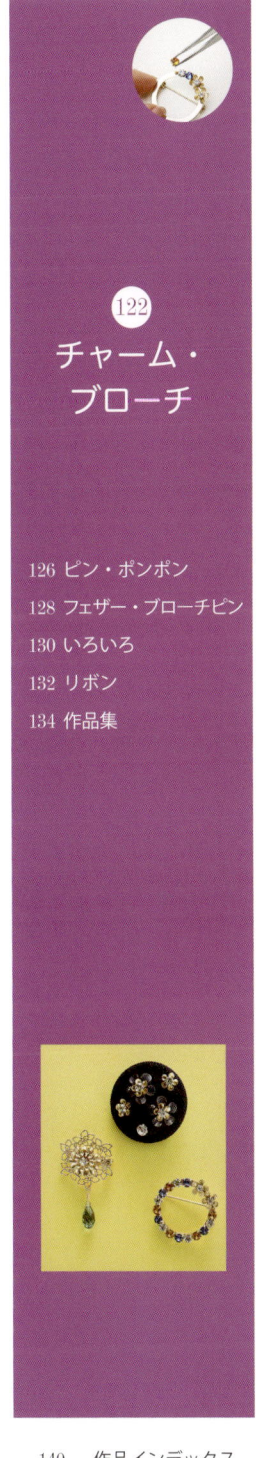

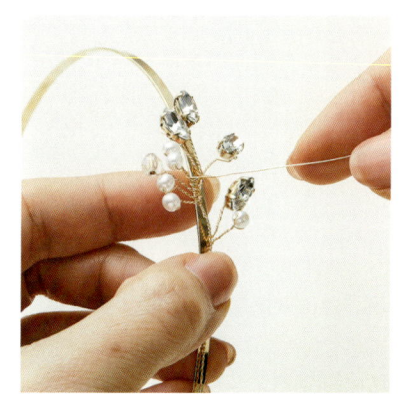

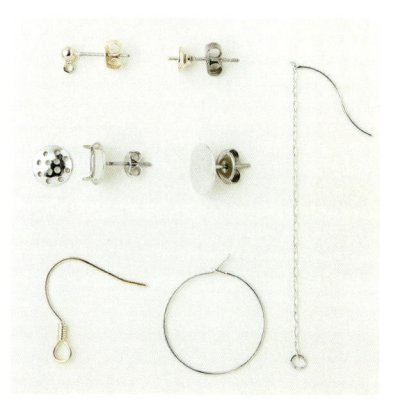

はじめに

小さなパーツを組み合わせて作る
アクセサリーの世界……

たくさんのパーツを目にすると
何から作っていいのか
どのパーツを選んだらいいのか
迷ってしまうと思います。

でも、はじめてでも大丈夫！

作りたいアイテムを決めて
作りたいタイプを選び
パーツを選ぶだけ。

ひとつひとつの工程をていねいに作れば
きれいなアクセサリーが
あっという間に作れます。

アクセサリーは作ったら、
すぐに身につけて
楽しむことができるのが魅力です。

身につけたそのときから
きっと、何かがはじまります。
アクセサリーの魅力にふれてもらえたら…

小さな作品に大きな願いを込めて…

寺 西 恵 里 子

アクセサリーの世界へようこそ！

小さなピアスからネックレスやヘア小物まで……
1つ作れば、どんどん作りたくなります。
さあ、いろいろなものを作ってみましょう。

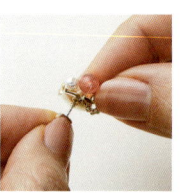

ピアス

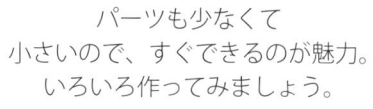

パーツも少なくて
小さいので、すぐできるのが魅力。
いろいろ作ってみましょう。

ブレスレット

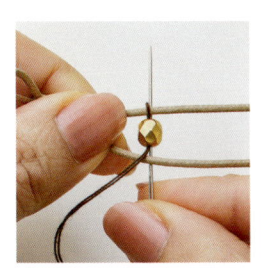

パーツを貼るだけから
コードを編んだり
好きなタイプを選びましょう。

ネックレス

チェーンを選んで
パーツを通すだけから作れます。
用途に合わせて作りましょう。

リング

ただパーツを貼るだけでもかわいい。
少しの時間で作れるので
プレゼントにもいいですね。

ヘア小物

ヘアゴム、バレッタ、カチューシャ……
いろいろ作れるのが楽しいですね。
豪華に作ってパーティにも！

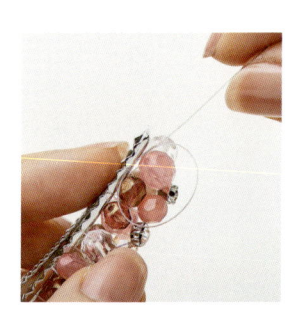

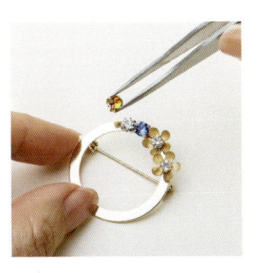

チャーム・ブローチ

服だけでなく、身の回りの持ち物の
アクセントになるので
いろいろ作ってつけましょう。

はじめる前の基礎

アクセサリーといっても
いろいろなアイテムがあり、
いろいろなパーツがあります。

あまりにたくさんあるので
いきなりはじめるのが難しく感じるのが
アクセサリーです。

どんな金具があるのか
どんなパーツがあるのか
知っているだけで違います。

ここを読んでから、はじめましょう。

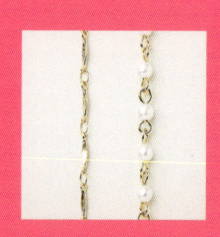   

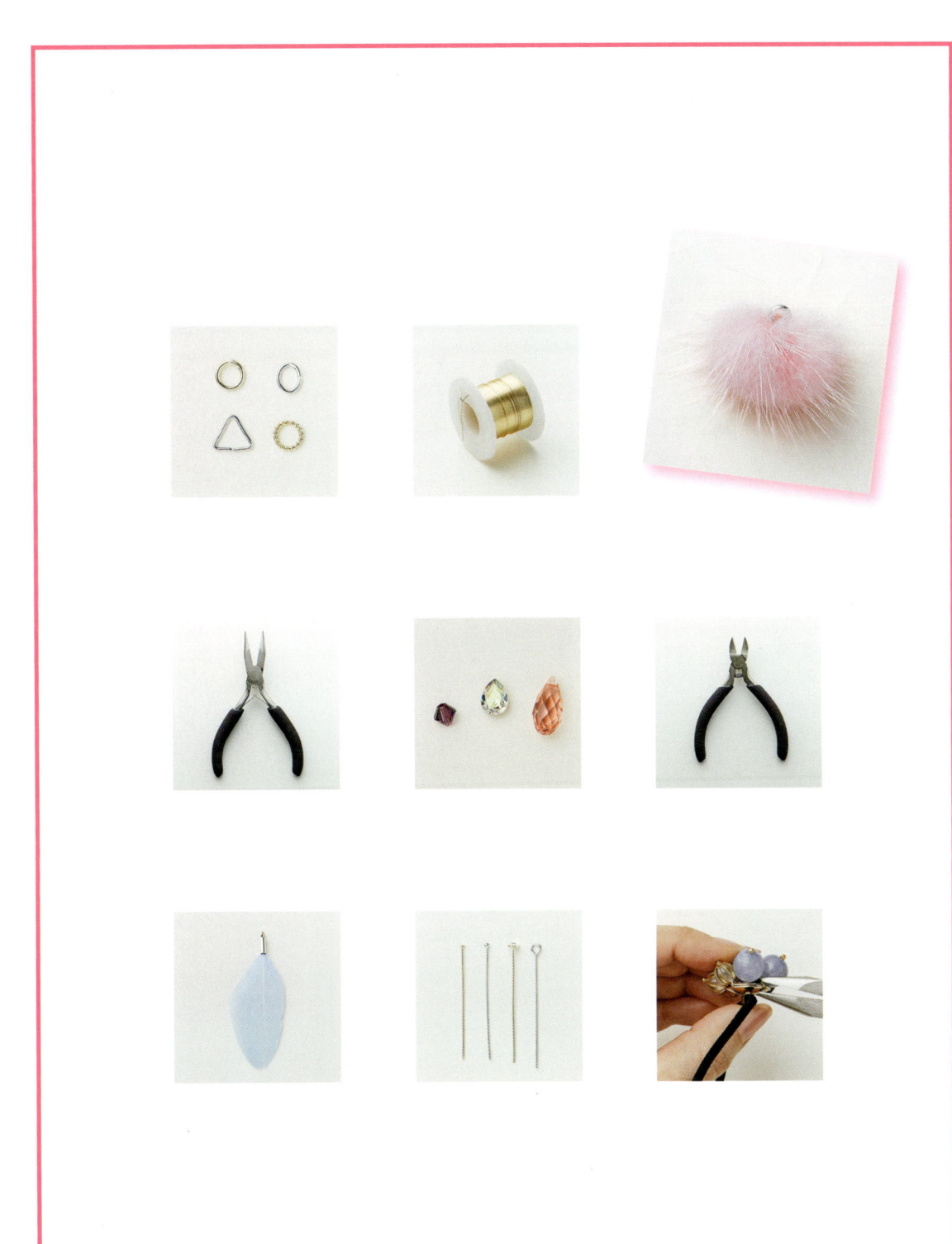

用　具

金具をつけるときのヤットコや、金属を切るニッパー。
アクセサリーに必要な用具があります。
作るときは用具をそろえてから、はじめましょう。

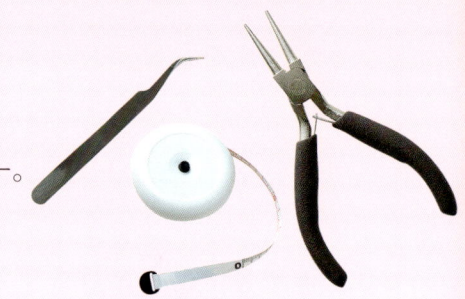

平ヤットコ

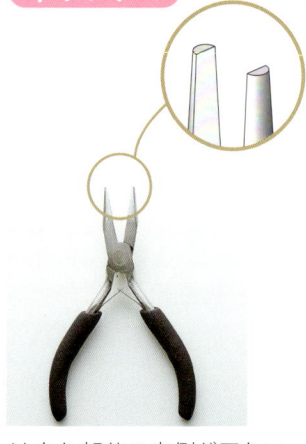

はさむ部分の内側が平たい
ヤットコ。カンの開閉やつ
ぶし玉をつぶすときなどに
使います。

カンの開閉

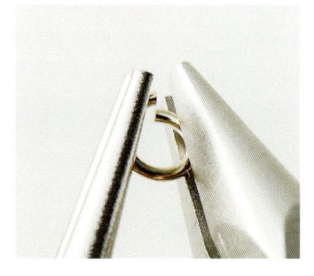

つぶす

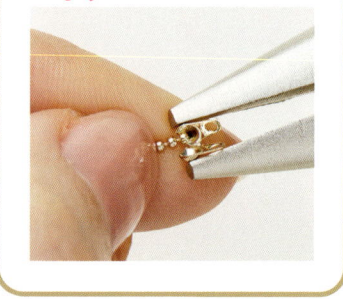

丸ヤットコ

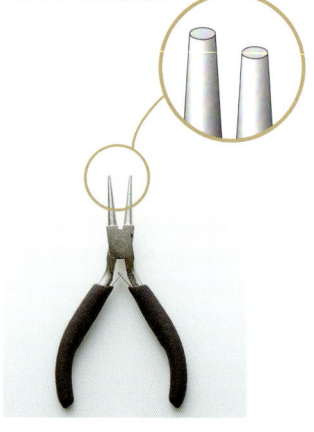

はさむ部分の断面が丸いヤ
ットコ。ピンやワイヤーを
丸めるときなどに使います。

丸める

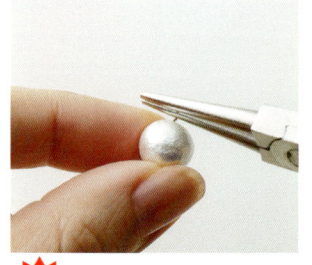

注 パーツをはさむ位置
で輪の大きさが変わ
ります。

ニッパー

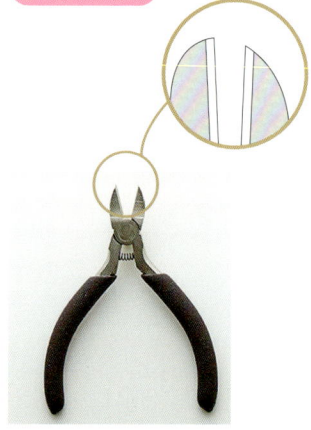

ワイヤーやピン、チェーン
など、金属を切るときに使
います。

切る

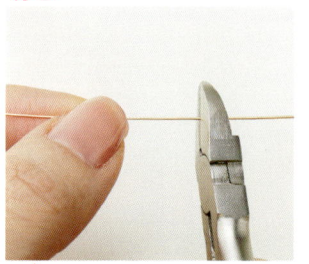

注 切り口が斜めになら
ないようにします。

はさみ

用途に合わせて選びます。リボンや布は布用のはさみを使います。

カッター

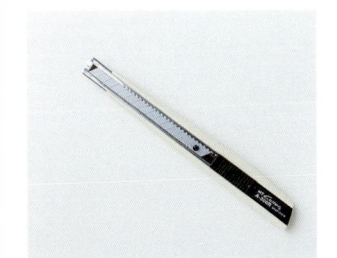

直線を切るときは、定規をあてて使うときれいに仕上がります。

定規

常に側に置いて使います！

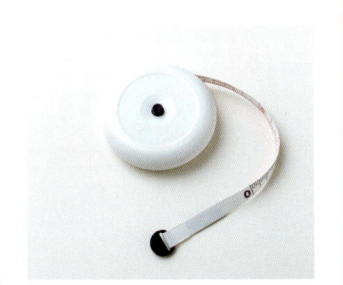

材料を測るだけでなく、作っている途中でも寸法を測ると仕上がりがきれいです。

メジャー

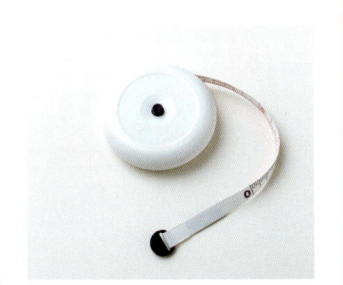

丸など定規で測りにくいものを測るのに便利です。

ピンセット

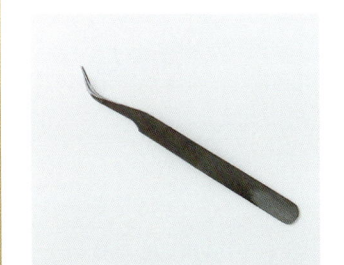

指ではつかみにくい小さなパーツをつかんだり、通したりするときに使います。

目打ち

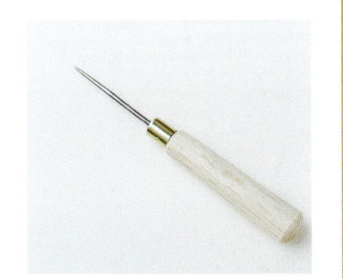

チェーンの輪（コマ）を広げるときなどに使います。

接着剤

用途に合わせて選びます！

硬化時間もそれぞれ違うので要注意。固まった後に透明になるものがきれいです。

つまようじ

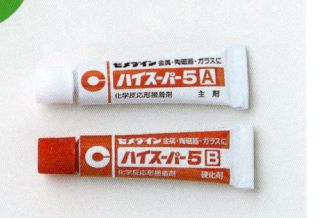

細かいところに接着剤を塗るときなどに便利です。

つなぐ金具

パーツとパーツをつなぐ金具です。
素材によって形やつけ方が違います。
ピン類やワイヤーは、丸めたりして、つなぐ形にして使います。

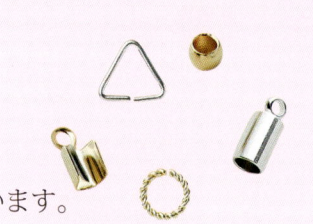

カン類

丸カン　Cカン

三角カン　デザイン丸カン

パーツをつなぐ金具です。
カンの太さ・直径はつなぐ
パーツに合わせて選びます。

ピン類

Tピン
玉ピン
デザインピン
9ピン

他のパーツとつなぐために、
パーツに通して先端を丸め、
輪を作って使います。

ワイヤー

パーツ同士をつなぐほか、
パーツを作るときなども使
います。

ボールチップ

ネックレスやブレスレット
の端の処理に使う金具です。

U字金具

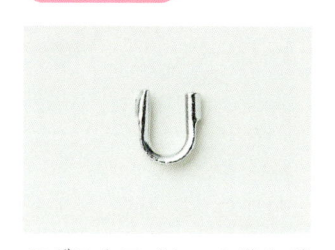

テグスやワイヤーの端をボ
ールチップを使わずに、U
字型にする場合に使います。

カシメ・カツラ

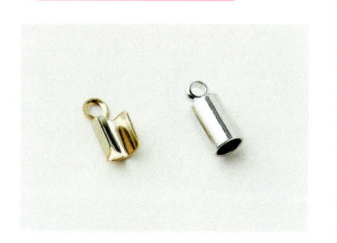

ひもやリボンなどの端の始
末に使います。

つぶし玉

ボールチップの中でテグス
やワイヤーを固定するのに、
つぶして使います。

その他

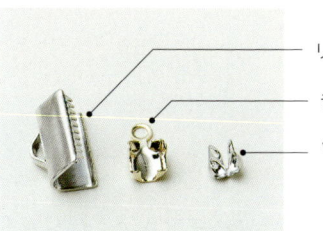

リボン留め（リボンの端をはさんで使う）

チェーンエンド

Vカップ（ボールチェーンの端に使う）

留める金具

ネックレスやブレスレットなど、輪にするために、
留める金具が必要になります。
いろいろな金具があるので、デザインに合わせて選びましょう。

引き輪

ネックレスやブレスレットの
留め金具です。ダルマカンと
合わせて使います。

ダルマカン

引き輪やカニカンとともに、
ネックレスなどの留め金具
に使います。

カニカン

引き輪と同じように使いま
す。

マンテル

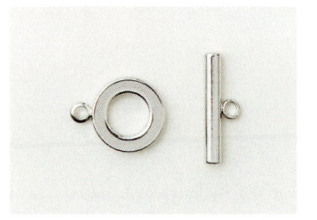

輪にバーを通して使う留め
金具です。

マンテルフック

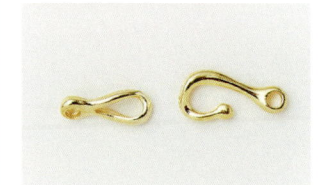

輪にフックを通して使う留
め金具です。

ニューホック

ボタンのようにはめて使う
タイプの留め金具です。

差し込みクラスプ

差し込みタイプの留め金具
です。

マグネットクラスプ

磁力で留めるタイプの留め
金具です。

アジャスター

長さを調節するためのチェ
ーン金具です。

アイテム別金具

ピアスには、ピアス専用の金具がいろいろあります。
作るものが決まったら、作品のイメージに合わせて
このページを見て、金具を決めましょう。

ピアス金具

ピアス金具は種類も豊富。作品のデザイン、パーツのつけ方に合わせて選びましょう。

フック使用例

カン付き　芯付き　平皿付き

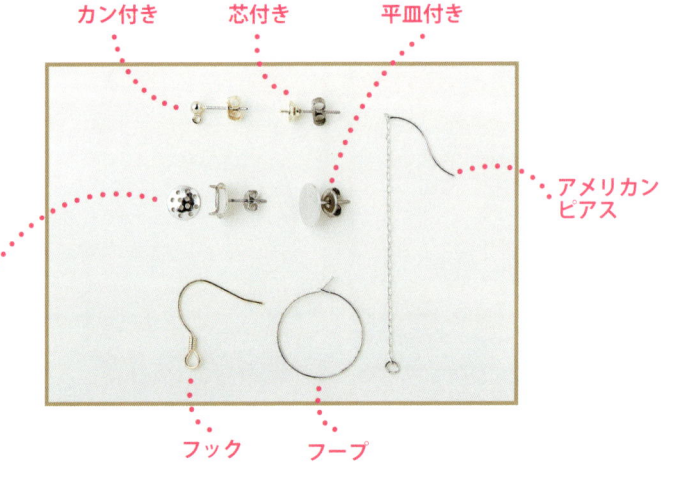

アメリカンピアス

シャワー金具付き

フック　フープ

ブレスレット金具

チェーンと留め金具で構成することが多いブレスレットですが、専用の金具もあります。

バングル使用例

バングル

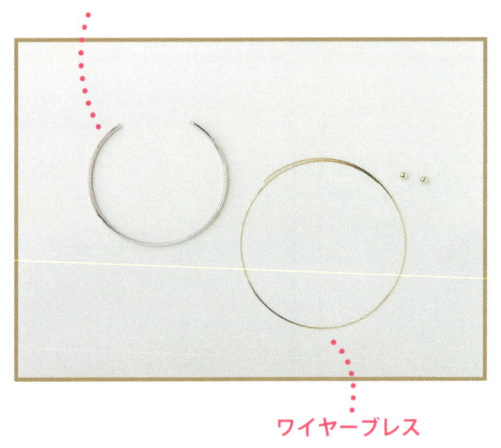

ワイヤーブレス

リング金具

指輪を作るための金具。
デザイン性のある金具も
あります。

カン付き使用例

カン付き

平皿付き

シャワー金具付き

デザインリング金具

ヘアアクセサリー金具

ヘアアクセサリーを作る
ための金具。用途に合わ
せて選びます。

コーム使用例

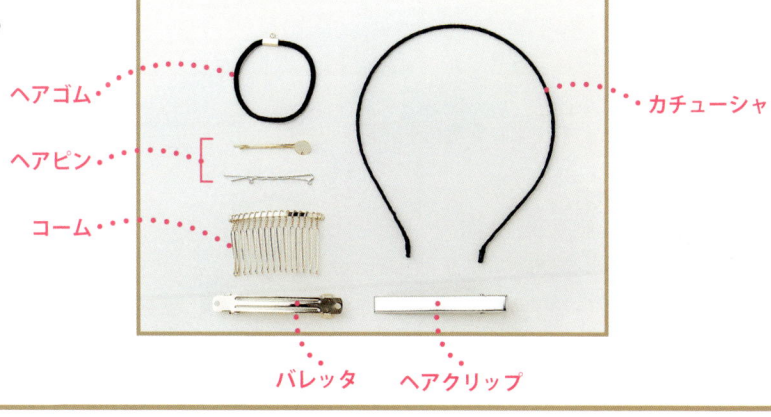

ヘアゴム

ヘアピン

コーム

カチューシャ

バレッタ　ヘアクリップ

チャーム・ブローチ金具

バッグチャーム金具は、
バッグの持ち手などにつ
けるアクセサリーに。カ
ブトピンはストールによ
く使います。

ブローチ金具使用例

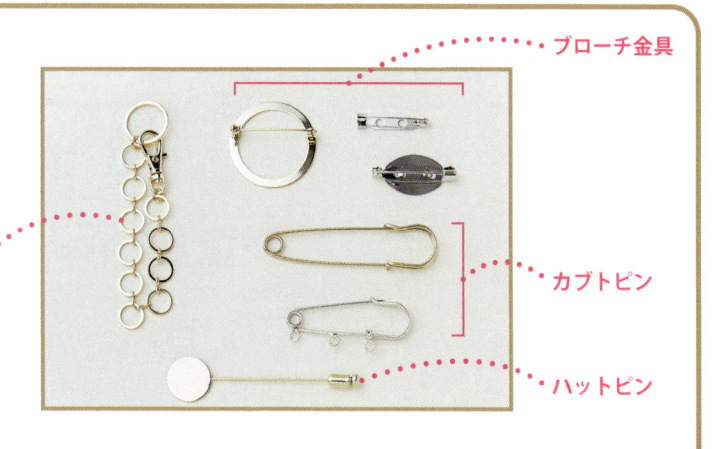

ブローチ金具

バッグチャーム金具

カブトピン

ハットピン

デザイン金具

ピアス金具のような、機能的金具とは違う
デザイン性の強い金具です。
使い方で、アクセサリーがより華やかになります。

透かし金具

ビーズなどを編んでつける
パーツ。パーツを貼る土台
にもなります。

石座・ジュエリークリップ

穴のあいていないスワロフ
スキーなどをはめて使いま
す。サイズの合ったものを
選びましょう。

座　金

キャップ式のものはビーズに
かぶせたり、パーツをはさんだ
りして使います。穴の大きいビー
ズの抜け防止に使うことも。

フープ（ヒキモノ）

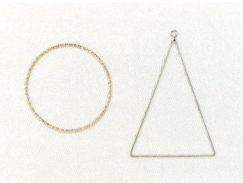

つなぎ目がないフレームの
金具。形やデザインがさま
ざま。カン付きのものもあ
ります。

プレート

プレート状のデザイン金具。
穴のあいているもの、カン
付きなど、種類があります。

パイプ

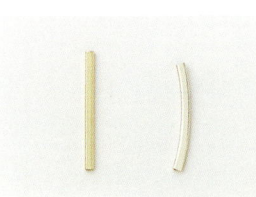

穴のあいたパイプ状の金具。
直線やカーブ状のものがあ
り、サイズや長さにも種類
があります。

連バー

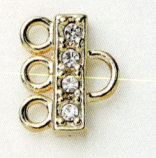

連のネックレスやブレスレッ
トなどの端に使います。

ロンデル

サイドにラインストーンの
ついたリング型の金具。パー
ツの間のアクセントに。

チャーム

カン付きのデコレーション
パーツ。星やリボン、花な
どいろいろなデザインがあ
ります。

ビーズ・ストーン

パーツのいろいろ、ビーズやパール、ストーンです。
大きさや色など、種類も豊富です。
穴のあるなしがあるので気をつけて選びましょう。

シードビーズ

一般的なビーズで色が豊富です。形やサイズもいろいろあります。ビーズ刺しゅうなどに使うことも。

ガラスビーズ

ガラス製のビーズで形や色も豊富です。チェコビーズやファイアポリッシュなどもガラスビーズです。

スワロフスキー・クリスタル

スワロフスキー社のクリスタルガラスです。
※本書では、スワロフスキーと略しています。

パールビーズ

天然の真珠を模して、樹脂やガラスにパール加工をしたビーズです。

コットンパール

綿を圧縮し、パール加工をしたフェイクパール。他のパールビーズと比べて軽いのが特徴です。

メタルビーズ

金属でできたビーズ。形やデザインもいろいろあります。アクセントとして使うのもいいです。

半貴石

貴石以外の天然石の総称。いろいろな形やカットに加工されています。天然の色がとてもきれいです。

石座つきストーン

あらかじめ石座にはめられて売られているストーン。石座にはめる手間がないので手軽です。

その他

他にも、ウッドビーズ、アクリルビーズ、フープなど季節や流行によってさまざまなものがあります。

チェーン

ネックレスやブレスレット、ピアスにも使うチェーンです。
金具の形や太さ、色など、いろいろあります。
作るときに、チェーンがねじれないように注意しましょう。

チェーン

繊細なエレガンスチェーンから大きなコマのものまであるので、作品に合わせて選びます。

連 爪

ストーンをはめ込んだチェーン。色やサイズがあります。必要なコマ数をニッパーで切って使います。

デザインチェーン

石やパールがはいったもの。形や組み合わせなど、デザインや太さもいろいろあります。

ネックレスの長さについて

ネックレスの基本的な長さを紹介。アジャスターをつければ長さ調節もできます。

プリンセスタイプ
40〜45㎝
マチネタイプ
50〜60㎝
オペラタイプ
70〜90㎝

合うエンドパーツを選びます

チェーンの端はエンドパーツで処理します。種類とサイズの合ったものを選びましょう。

エレガンスチェーン・・ボールチップ
ボールチェーン・・・・Ｖカップ
連爪・・・・・・・・チェーンエンド

コード

アクセサリーをつなぐために使うテグスやワイヤー。
そのものがアクセサリーになる革ひもやヘンプ。
太さや色は、用途に合わせて選びましょう。

テグス

透明なナイロン製のひも。パーツを通したり、編みつけたりするときに使います。

のびるテグス

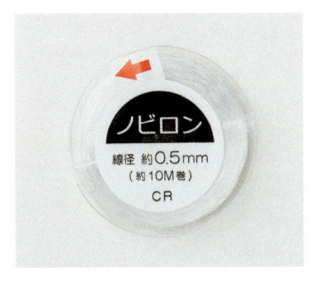

伸縮性を持たせたい作品にはゴム状ののびるテグスを使います。

ナイロンコートワイヤー

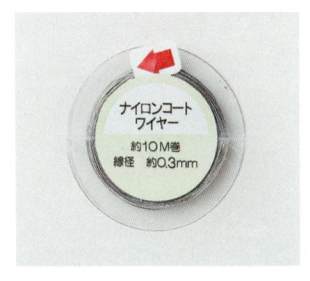

ワイヤーをナイロンでコーティングしたもの。重いビーズやパーツを通すときに使います。

ワックスコード

コットンやポリエステルなどを加工し、耐久性を高めたひも。ロウ引きひもと呼ばれることも。

革ひも

本革や合皮のひも。ネックレスやブレスレットのコードとして使います。

ヘンプ

麻ひもの一種。そのまま編んだり、ビーズを編みつけたりします。

その他のパーツ

リボンやファーなど、他にもいろいろなパーツがあります。
逆にいうと、なんでもアクセサリーパーツになります。
いろいろな雰囲気のアクセサリーを作ってみましょう。

リボン

オーガンジー、ベルベット、サテン、作品に合わせて選びます。

ファー

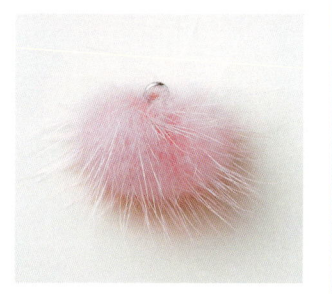

秋冬の季節感の演出にぴったりです。ミンクやラビットなど動物の毛を使ったものとフェイクファーがあります。丸くボール型になっているファーボールが多いです。

フェザー

グースやニワトリなど鳥の羽根です。カンがついていないときは、カシメで処理します。

タッセル

房飾りです。1つつけるだけで、豪華な雰囲気に仕上がります。毛糸や変わり糸など、少しの糸で作れます。大きさも自由に調整できます。

造花

ヘア小物やブローチ、いろいろに使えます。そのまま貼ったり、根元に穴をあけ、ワイヤーやテグスを通して使います。

シェル

貝で作ったパーツです。夏の季節感を出すのにぴったりの素材です。

アクセサリーの名前

ピアスのキャッチなど、
それぞれのアクセサリーの名前も覚えましょう。
材料をそろえるときにも便利です。

ピアス

パーツ　　皿　　キャッチ

キャッチのついている「ポストピアス」の作りです。「皿」の部分が芯や平皿の貼るタイプや、カン付きのものもあります。耳にかけるフック型、通して使うフープ型、アメリカンピアスなどさまざまな形があります。イヤリングパーツも同じようにいろいろあります。

ブレスレット

ダルマカン　　引き輪
チェーン
パーツ
カン

チェーンにパーツをつけ、両端はカンで留め具（写真は引き輪とダルマカン）がついています。留め金具の種類もあり、バングルなどブレスレット型の金具もあります。コードやテグスに通すだけから、ヘンプやラダーワークなどバリエーションも豊富です。

ネックレス

カニカン　　アジャスター

チェーン

パーツ

チェーンにパーツをつないだり通したりしたものに、両端はカンで留め金具（写真はカニカンとアジャスター）がついています。留め金具には引き輪やダルマカンなどもあります。チェーン以外にワイヤーやコードを使うこともできます。

リング

平皿
カン
リング　　リング

リングに平皿やシャワー金具、カン付きのものなどといろいろな形があります。石座がついていてストーンを貼るだけで作れたり、芯にビーズを差し込んで貼るだけなど簡単に作れる金具も多いです。テグスやワイヤーを使って、リングの部分から作ることもできます。

基本のテクニック

丸カンの広げ方からピンの曲げ方など
ピアスにもネックレスにも使う
基本的なテクニックを集めました。

シンプルな作り方ですが、
ちょっとしたコツできれいに作れるので
一度、目を通しておきましょう。

作るときにも、ワイヤーの使い方などは
もう一度見ながら作ると
よりきれいに仕上がります。

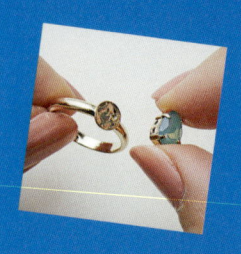

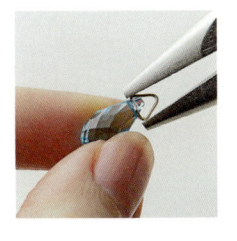

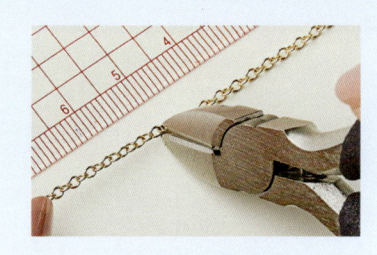

切り方

ワイヤーやチェーンの切り方です。
ちょっとしたポイントで切りやすくなります。
刃の方向に気をつけて、切りましょう。

ワイヤーの切り方

1 巻きグセがあるときは指で軽くしごき、まっすぐにします。

2 定規を添え、必要な長さを測ります。

3 ニッパーの平らになっているほうの刃をあてて、切ります。

4 できあがり。

チェーンの切り方

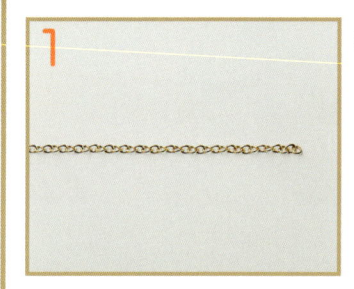

1 まっすぐにのばします。

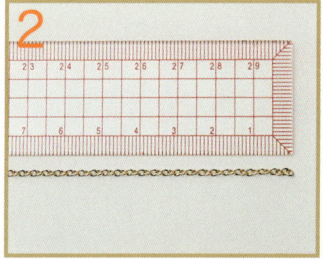

2 必要な長さのコマを決めます。

✳ チェーンの1つの輪をコマといいます。

3 次のコマをニッパーで切ります。

4 できあがり。

貼り方

貼っただけでできるアクセサリーもたくさんあります。
きちんとはがれないように貼りましょう。
他にも補強に使ったりもできるので、便利です。

金属を貼る

1

接着面につまようじで接着剤を塗ります。

2

1にパーツをつけます。

材 料

スワロフスキー（#4320/8×6mm/オパール）PC：1個
石座（ゴールド）PC：1個
リング金具（平皿6mm/ゴールド）PC：1個

結び目の補強に

強度が心配な部分は、接着剤を塗って補強します。

アクセサリーは強力接着剤が便利

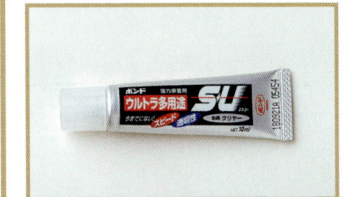

金属・ガラスが接着できる接着剤を使います。

布は手芸用または木工用ボンドを

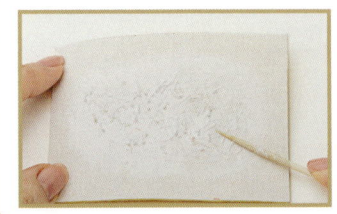

布と布を貼るときは、手芸用または木工用のボンドを使います。

キチッとつけるには

接着剤を塗った後、少し乾かしてから貼るのがコツです。

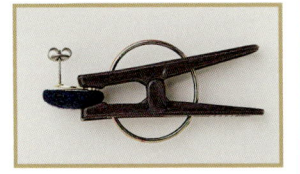

動いてしまうものは洗濯ばさみで固定するといいでしょう。

カンの使い方

パーツ同士をつなげるためにカンを使います。
ヤットコで開けたり閉めたりします。
開くというよりは、ずらす感じで、開閉しましょう。

丸カンのつけ方

✻Cカンも同じです。

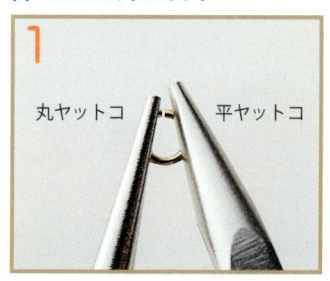

丸ヤットコ　平ヤットコ

1 丸カンの切れ目を上にし、平ヤットコと丸ヤットコではさみます。

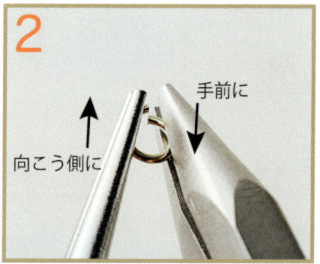

向こう側に　手前に

2 ヤットコを前後にずらし、丸カンを開きます。

注 開きすぎないように。

横から見たところ

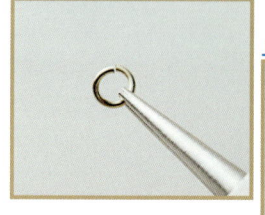

上から見たところ

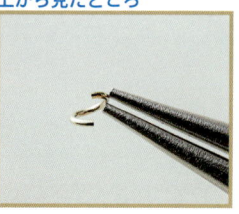

3 パーツなどを通します。

4 2と同じようにヤットコを前後に動かして、閉じます。

5 平ヤットコで丸カンのすき間がなくなるように、はさんで整えます。

材 料

チャーム（リボン/14.5㎜/ゴールド）PC：2個
丸カン（1×5㎜/ゴールド）PC：2個
ピアス金具（フック/ゴールド）PC：1組

指カンが便利

指カン

1 平ヤットコで丸カンをつかみ、サイズの合う溝に入れます。

2 丸カンを前後にずらし、開きます。閉じるときも同じです。

チェーンが細くカンが通らないとき

カンが通らない細かいチェーンは、目打ちを使って少しずつコマを広げましょう。

ここに注意！

注 丸カン、Cカンは横に広げないようにしましょう。形が崩れたり、切れたりする原因になります。

三角カンのつけ方

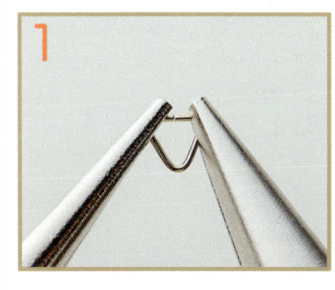

1 三角カンの切れ目を上にし、平ヤットコと丸ヤットコではさみます。

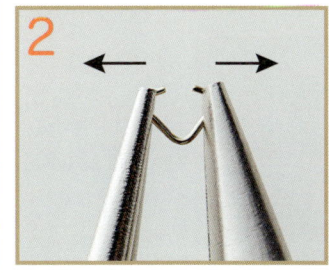

2 ヤットコを左右にずらし、三角カンを開きます。

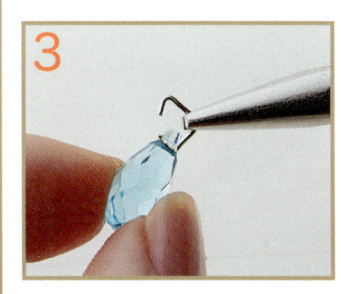

3 横穴のパーツを通します。

4 平ヤットコで左右からはさんで、閉じます。

5 できあがり。

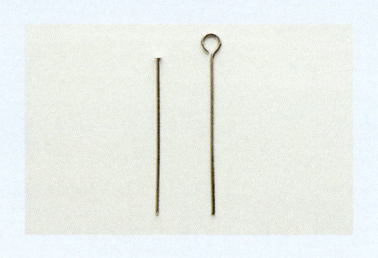

ピンの使い方

パーツをつなぐときにピンを使います。
パーツを通したピンの先は丸ヤットコで丸めます。
9ピンは両方に輪ができるので、長くつなげられます。

Tピンで輪を作る

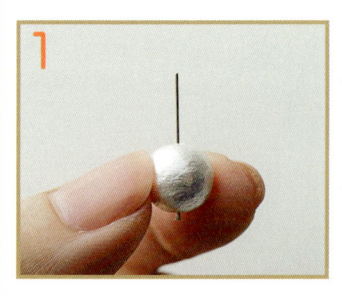

1 Tピンにパーツを通します。すき間ができないように、奥まで入れます。

2 ピンの下を押さえて、90度に曲げます。

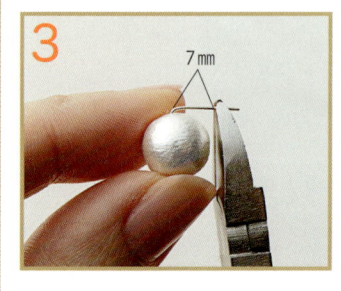

3 曲げたところから7mmのところを、ニッパーで切ります。

7mm

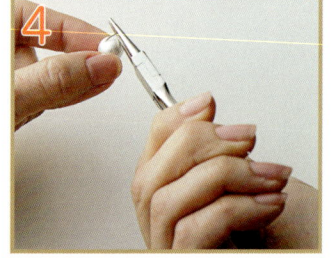

4 丸ヤットコでピンの先をはさみます。

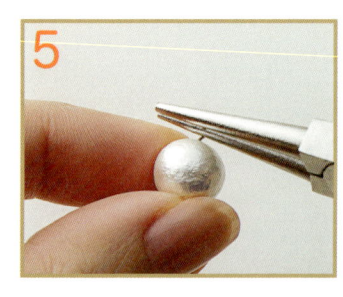

5 丸ヤットコの丸みにそわせて、ぐるっと丸まるところまで丸めます。

6 根元側をはさみなおして、端が丸く閉じるよう丸めます。

7 根元にすき間ができないように平ヤットコで整えます。

8 できあがり。

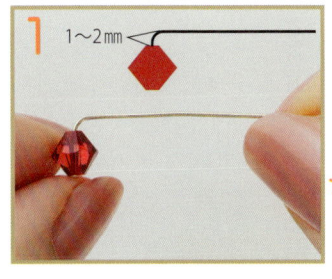

1　1〜2mm

Tピンにパーツを通し、90度に曲げます。

✳片めがね留めは少し長めのピンを使います。

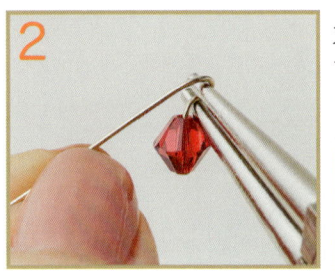

2

丸ヤットコではさんで、手でTピンを持ちながら丸めます。

3

平ヤットコで、根元に2〜3回巻きつけます。

4

巻き終わりの余分なワイヤーをニッパーで切ります。

5

切り口を平ヤットコで整えて、できあがり。

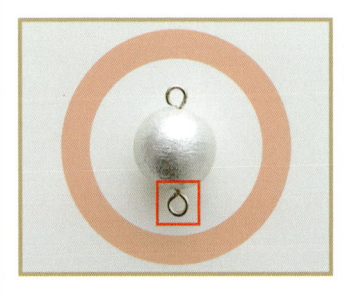

パーツ同士をつなげるときは9ピンを使います。Tピンと同じように作ります。

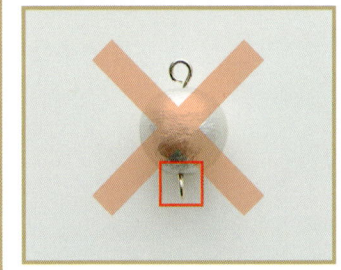

輪の向きがそろうように、注意して輪を作りましょう。

輪の大きさを決めるには

丸ヤットコではさむ位置で、輪の大きさが決まります。

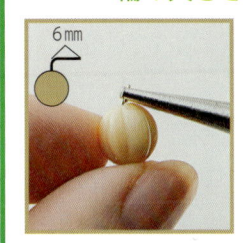

6mm

6mmで切り、丸ヤットコの先で丸めた場合

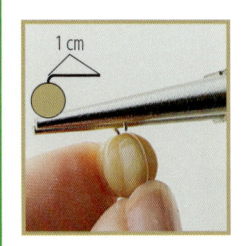

1cm

1cmで切り、丸ヤットコの真ん中くらいで丸めた場合

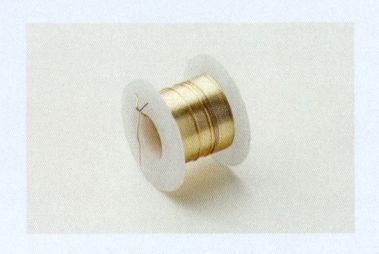

ワイヤーの使い方

ワイヤーはいろいろ使えますが、
Tピンなどと同じように、パーツを通して輪を作り、
つなげるパーツにすることができます。

チャーム留め

10㎝ほどのワイヤーにパーツを通し、折り曲げて交差させます。

ワイヤーを平ヤットコで押さえ、パーツを回して、根元を2〜3回ねじります。

片方のワイヤーを根元で切ります。

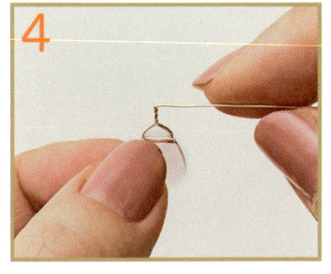

3の根元で90度に折り曲げます。

手でワイヤーを持ち、丸ヤットコの丸みに沿わせて輪を作ります。

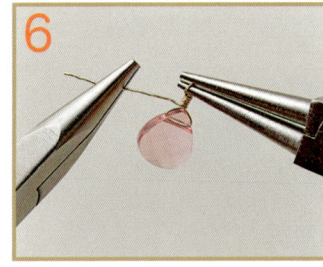

2でねじった上に、ワイヤーを2〜3回巻きつけます。

余分なワイヤーをニッパーで切ります。

切り口を平ヤットコで整えて、できあがり。

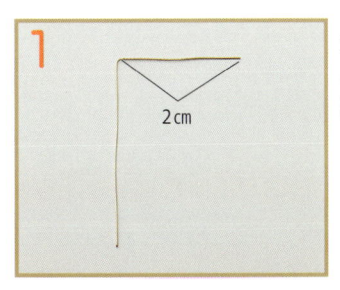

1 先端から2cmのところを90度に折り曲げます。

2cm

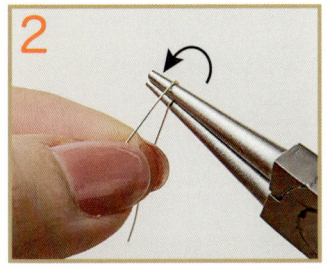

2 手でワイヤーを持ち、丸ヤットコの丸みに沿わせて輪を作ります。

3 丸ヤットコの下で輪を持ちかえて、根元に2〜3回巻きつけます。

4 余分なワイヤーをニッパーで切ります。

5 平ヤットコで切り口を整えます。

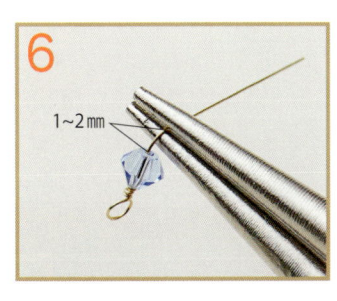

6 パーツを通し、もう片方のワイヤーのきわから1〜2mmのところを90度に折り曲げます。

1〜2mm

7 丸ヤットコで輪を作ります。

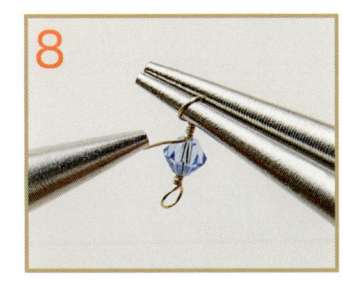

8 根元に2〜3回巻きつけます。

9 余分なワイヤーをニッパーで切ります。

10 切り口を平ヤットコで整えて、できあがり。

エンドパーツ（ボールチップ）の使い方

テグスやコードを使ったネックレスやブレスレットの端の処理に使います。
ボールチップの中はつぶし玉かビーズが入っています。

ボールチップの使い方

1 ワイヤーにボールチップを通します。

2 つぶし玉を通します。

3 ワイヤーの端から5cmほどのところで、つぶし玉を平ヤットコでつぶします。

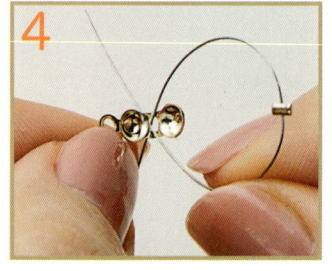
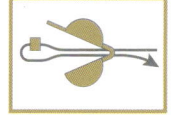

4 短いほうのワイヤーをボールチップの穴に通し、外側に戻します。

5 ボールチップの中につぶし玉を入れます。

6 平ヤットコでボールチップを閉じます。

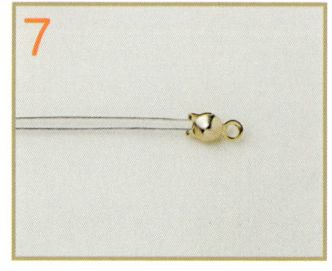

7 片方の端が処理できました。

8 パーツを通します。このとき、残ったワイヤーもいっしょに通します。

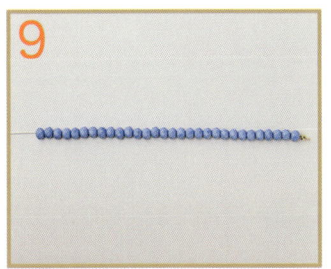

9 パーツが通せました。

14 ワイヤーは5㎝のところで、ニッパーで切ります。

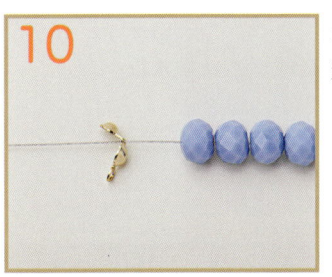

10 ボールチップを通します。

15 ボールチップの中につぶし玉を入れ、平ヤットコで閉じます。

11 つぶし玉を通します。

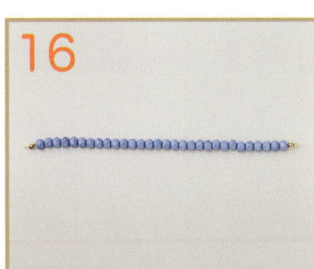

16 両端が処理できました。

12 パーツのきわで、つぶし玉を平ヤットコでつぶします。

ビーズで端を処理するときは

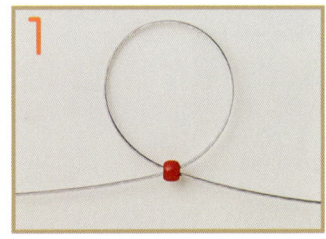

1 ビーズをテグスに通し、中央で交差させます。

13 ワイヤーをボールチップの穴に通し、外側に戻し、パーツに通します。

2 ボールチップの中にビーズを入れて、処理します。

エンドパーツ(カシメ・カツラ)の使い方

リボンや革ひもなどの端の処理に使います。
接着剤で貼ってから、パーツを留めます。
しっかり貼るのがポイントです。

カシメの使い方

1  カシメの内側に接着剤をつけます。

2  ひもやチェーンなどをのせます。

3  片方ずつ平ヤットコでフタを閉じて固定します。

4  しっかり留めて、できあがり。

カツラの使い方

1 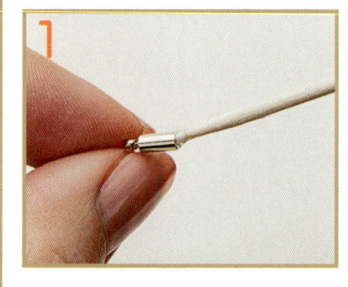 カツラの内側に接着剤をつけます。

2 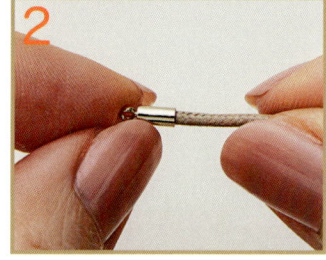 ひもやコードなどをはめ込みます。

3  接着剤が乾いたら、できあがり。

ここに注意！

 注 はみだしたり、抜けたりしないように、つけたいひもやコードなどの太さに合わせた金具を用意しましょう。

きれいに作るコツ

材料や用具をそろえてからはじめるなど
あたりまえのようで、大事なコツがあります。
ここを読んでから、はじめましょう。

材料と用具をそろえましょう

- 材料と用具を手元にそろえてからはじめましょう。
- 接着剤やピンセットなどもそろえます。
- ビーズやパーツは必要量をトレイに仕分けるといいでしょう。

トレイが便利です

- アクセサリーの専用のトレイは、表面の起毛でパーツが転がりにくく、配置を決めるのに便利です。
- 縁があるので、パーツの落下や紛失を防ぐことができます。
- トレイがなくても、タオルを敷いて代用もできます。

金具の形・太さ・サイズ

- **カンには形のほかに直径と太さの種類があります。**
  作品の雰囲気によって選びましょう。

- **ピンには形のほかに長さと太さの種類があります。**
  通すパーツによって使い分けましょう。

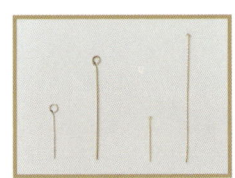

- **石座には形とサイズの種類があります。**
  使うストーンが合うかを確認しましょう。

取り扱いに注意

- **ワイヤーはねじれに気をつけましょう。**
  一度ねじれた箇所は元に戻りません、切れてしまうこともあります。

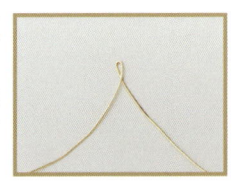

- **開きすぎたカンは使わない。**
  閉じてもすき間があいてしまうことがあります。

- **失敗したピンは再利用しない。**
  クセがついてしまうので、2回目ではきれいな輪が作りにくいです。

ピアス

小さな金具と小さなパーツで作るピアス。

パーツを金具に通すだけでもできるので
はじめてなら、ここから作ってみましょう。

ピアス金具もいろいろあり
目移りしますが…
まずは、作りたい形を決めて金具を選び
次にパーツを選びましょう。

パーツは形も色も豊富にあります。
好きな形、好きな色を選びましょう。

小さいので、すぐできるのも魅力です。

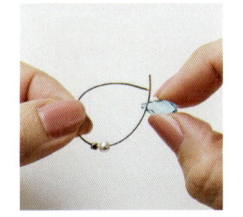

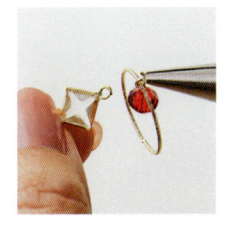

ピアスの作品いろいろ

小さなパーツで簡単に作れるのがうれしい…
いろいろな素材、いろいろなタイプで
作ってみましょう！

シャワー金具・ほか

通すだけ・つなぐだけ

石座・ジュエリークリップ

貼るだけ・タッセル・ほか

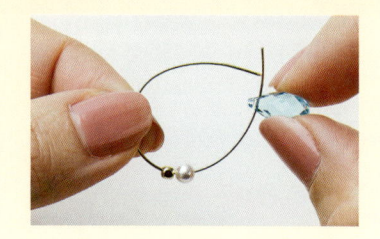

通すだけ

一番簡単なピアスです。
フープにパーツを通すだけでピアスができます。
簡単にできるので、パーツ選びがポイントです。

通すだけピアス

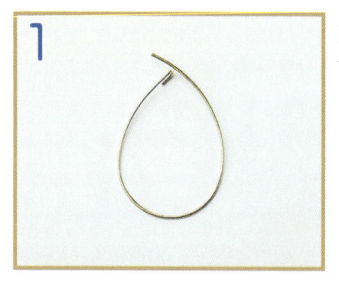

1 フープを開けます。

2 パーツを通します。

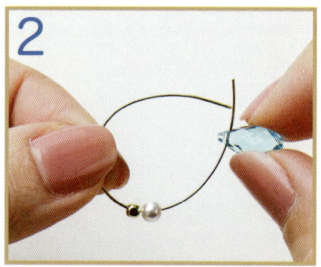

3 できあがり。

パーツを作って通すだけピアス

1 Tピンにパーツを通します。

2 Tピンを輪にします。同じように、3個作ります。

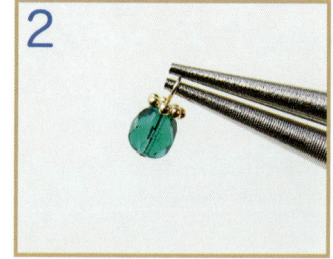

3 2をフープに通します。

4 できあがり。

材 料

スワロフスキー（#6010/13×6.5mm/水色）PC：2個
パールビーズ（4mm/白）PC：4個
メタルビーズ（2.5mm/ゴールド）PC：4個
ピアス金具（フープ/ゴールド）PC：1組

ファイアポリッシュ（6mm/緑）PC：4個
ファイアポリッシュ（6mm/グレー）：2個
メタルビーズ（リング/5×1.5mm/ゴールド）PC：6個
Tピン（0.5×21mm/ゴールド）PC：6本
ピアス金具（フープ/ゴールド）PC：1組

　※材料表記にPCと入っているものはPARTS CLUBの商品です。

パーツをつなぐだけ

カン付きのピアス金具を使います。
下がるタイプの揺れるピアスです。
パーツを作って、丸カンでピアス金具につけます。

カン付きの金具を使ったピアス

✿材料は P.49

1

Tピンにパーツを通し、端に輪を作ります。

2

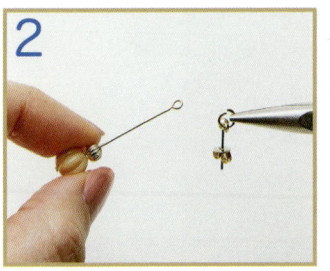

丸カンを開き、1とピアス金具のカンを通します。

3

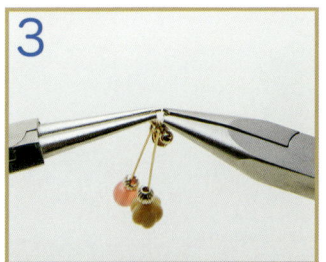

丸カンを閉じます。

4

できあがり。

フックの金具を使ったピアス

✿材料は P.49

1

9ピンにパーツを通し、輪を作ります。

2

1とチャームを丸カンでつけます。

3

2とピアス金具を丸カンでつけます。

4

できあがり。

ピアス
貼るだけ

パーツをピアス金具に貼って作ります。
接着剤をしっかりつけて、貼ります。
簡単なのでひとつ作ってみましょう。

芯付きピアス

1 ピアス金具の芯と皿に接着剤をつけます。

2 片穴のコットンパールを差します。

3 できあがり。

平皿付きピアス

1 ピアス金具の平皿に接着剤をつけます。

2 くるみボタンパーツを貼ります。

3 できあがり。

材料 P.46

コットンパール（片穴／8mm／白）PC：2個
ピアス金具（芯付き／ゴールド）PC：1組

くるみボタンパーツ（17mm／黒）PC：2個
ピアス金具（平皿10mm／ゴールド）PC：1組

材料 P.47

天然石（赤メノウ／12mm）PC：2個
フープ（三角／カン付き／32×25mm／ゴールド）PC：2個
丸カン（0.7×3mm／ゴールド）PC：2個
ピアス金具（平皿6mm／ゴールド）PC：1組
キャッチ（カン付き／ゴールド）PC：1組

チェコビーズ（ナルシス／7mm／ピンク）PC：6個
メタルパーツ（葉／7mm／ゴールド）PC：6個
玉ピン（0.5×20mm／ゴールド）PC：6本
ピアス金具（アメリカンピアス／ゴールド）PC：1組

ピアス
いろいろ

ピアスは金具の種類も豊富です。
キャッチにパーツを下げたり、アメリカンピアスだったり
いろいろ作ってみましょう。

カン付きピアスキャッチ

✳ 材料はP.46

1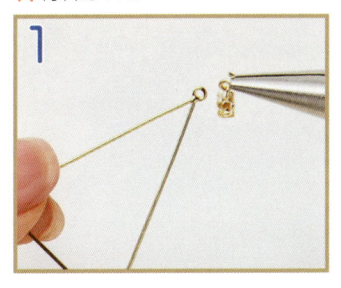
キャッチのカンと三角フープのカンを丸カンに通します。

2
丸カンを閉じます。

3
ピアス金具本体の平皿に、パーツを貼ります。

4
できあがり。

アメリカンピアス

✳ 材料はP.46

1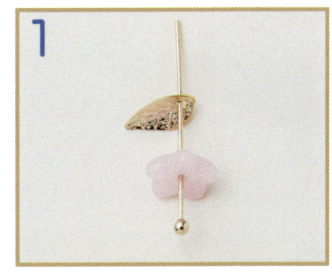
玉ピンにパーツを通し、輪を作ります。

2
花が下を向かないよう、輪を倒します。同じように3個作ります。

3
2を少し開きチェーンにつけます。

4
3個つけて、できあがり。

いろいろなビーズがつけられるシャワー金具です。
好きなビーズを選んで、通しながら作ってもいいですね。
豪華に仕上がるのが魅力です。

シャワー金具のピアス

1 テグスの端は、パーツが抜けないように、セロハンテープでとめます。

2 シャワー金具の裏からテグスを通します。

3 ビーズを通します。

4 隣の穴に入れて、つけていきます。

5 パーツの位置を右ページの図で確認しながら、次の穴から出します。

6 外側からつけていきます。

7 中心部分をつけます。

8 つけ終わったら、裏側で結びます。

9 結び目に接着剤
をつけます。

10 乾いたら、テグ
スを切ります。

11 シャワー金具を
本体にはめます。

12 ツメを折ります。

13 できあがり。

シャワー金具のパーツ位置

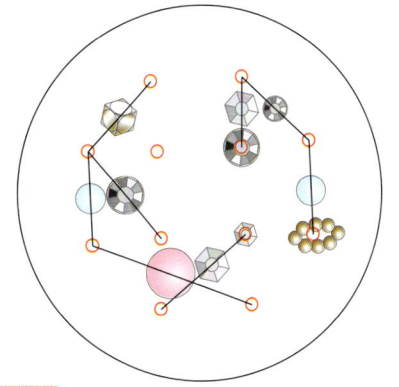

材 料

チェコビーズ(ラウンド6mm/ピンク)PC：2個
スワロフスキー(#5328/4mm/ゴールド)PC：4個
スワロフスキー(#5328/3mm/クリスタル)：4個
パールビーズ(4mm/白)PC：4個
石座付きストーン(3mm/クリスタル・ゴールド)PC：4個
メタルビーズ(リング/5×1.5mm/ゴールド)PC：2個
メタルビーズ(2.5mm/ゴールド)PC：2個
テグス(3号)PC：30cm×2本
ピアス金具(シャワー8mm/ゴールド)PC：1組

ワンポイントアドバイス

慣れていないうちは1個
ずつ結びながら作っても
よいでしょう。

材 料 P.45

チェコビーズ(メロン玉/8mm/ベージュ)PC：2個
チェコビーズ(ラウンド6mm/ピンク)PC：2個
メタルビーズ(4mm/ゴールド)PC：4個
Tピン(0.6×40mm/ゴールド)PC：4本
丸カン(0.8×5mm/ゴールド)PC：2個
ピアス金具(カン付き/ゴールド)PC：1組

スワロフスキー(#5328/6mm/赤)PC：2個
チャーム(ハート/9mm/ゴールド)PC：2個
9ピン(0.6×21mm/ゴールド)PC：2本
丸カン(0.7×3.5mm/ゴールド)PC：4個
ピアス金具(フック/ゴールド)PC：1組

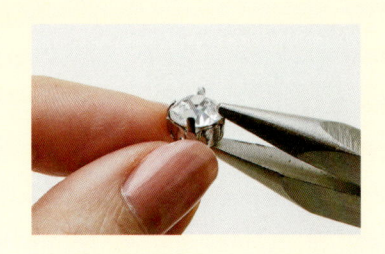

石座・ジュエリークリップ

スワロフスキーを台にのせたり
ジュエリークリップに石をはさんだり、
穴のあいていないビーズを使いやすくします。

石座を使ったピアス

✴材料はP.51

1
石座にスワロフスキーを水平にはめます。

2
ツメを対角から折り固定します。

✴一気に折らずに少しずつ折るときれいに仕上がります。

3
2をピアス金具に貼ります。

4
できあがり。

ジュエリークリップを使ったピアス

✴材料はP.51

1
石が入る幅まで前後に開けます。

✴開きすぎないように注意します。

2
スワロフスキーをはさんで閉めます。

3
2とピアス金具のカンを丸カンでつけます。

4
できあがり。

1 石座にスワロフスキーをはめ、ツメを折って固定します。

6 できあがり。

2 ワイヤーにパールを15個通します。

材料

スワロフスキー（＃1088/6㎜/ミント）PC：2個
石座（ゴールド）PC：2個
パールビーズ（3㎜/白）PC：30個
ワイヤー（0.3㎜/ゴールド）PC：10㎝×2本
ピアス金具（平皿3㎜/ゴールド）PC：1組

3 1の石座に2のワイヤーを両サイドから通します。

ワンポイントアドバイス

石座は形とサイズを合わせて選びます。
石座のタイプで輝きが違ってくるので、そこも考慮して選びます。

4 ワイヤーを根元で2〜3回巻きつけて切り、石座の中に入れます。

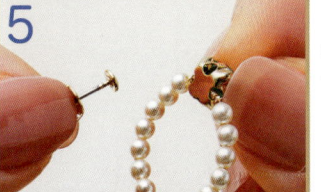

5 4をピアス金具の平皿に貼ります。

材料 P.50

スワロフスキー（＃1088/8㎜/クリスタル）PC：2個
石座（ロジウム）PC：2個
ピアス金具（平皿6㎜/ロジウム）PC：1組

スワロフスキー（＃4320/14×10㎜/ピンク）PC：2個
ジュエリークリップ（ゴールド）PC：2個
丸カン（0.7×3.5㎜/ゴールド）PC：2個
ピアス金具（カン付き/ゴールド）PC：1組

タッセル

刺しゅう糸や毛糸などを使って、タッセルを作ります。
丸カンをはさんで作って、ピアスにつけます。
タッセルは他の素材で作ってもいいですね。

タッセルピアス

1
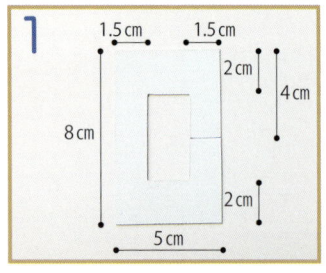
1.5 cm 1.5 cm
2 cm
4 cm
8 cm
2 cm
5 cm

厚紙で台紙を作ります。

2
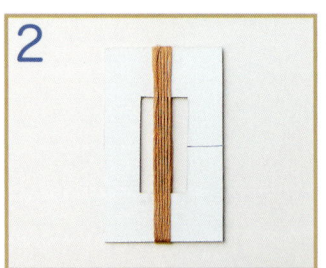
刺しゅう糸を台紙に6回巻きます。

3

中央に丸カンをつけます。

4

台紙からはずします。

5

2つに折ります。

6

5 mm
折ったところから、5 mmのところを別の刺しゅう糸で3周巻いて、結びます。

7

結んだ刺しゅう糸の糸端に針を通し、中に入れます。

8

タッセルの下（輪になっている部分）を切ります。

9 下をきれいに切りそろえます。

10 9ピンにパーツを通して輪を作ります。

11 10に9と、ピアス金具をつけます。

12 ピアス金具の平皿にパーツを貼ります。

13 できあがり。

毛糸や革ひもなど いろいろな素材で作れます

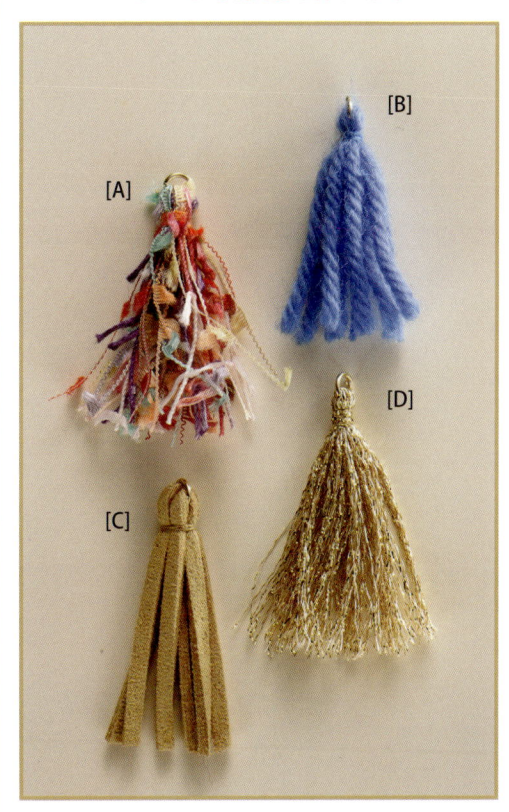

[A] [B] [C] [D]

材 料

[A]：変わり糸（ピンク系）：3回巻き
[B]：並太毛糸（青）：2回巻き
[C]：革ひも（3mm幅）：2回巻き
[D]：刺しゅう糸（ゴールド）：6回巻き
共通：丸カン（0.8×5mm／ゴールド）PC：1個

材 料 P.52

刺しゅう糸（茶色）：230cm
アクリルビーズ（10mm／青）PC：2個
メタルビーズ（4mm／ゴールド）PC：2個
9ピン（0.5×14mm／ゴールド）PC：2本
丸カン（0.8×5mm／ゴールド）PC：2個
ピアス金具（平皿10mm／カン付き／ゴールド）PC：1組

スイングピアス

ちょっと長めなチェーンに
キラキラきれいなビーズ
揺れが気になる
かわいいピアスです。

スイングピアスの作り方

材 料

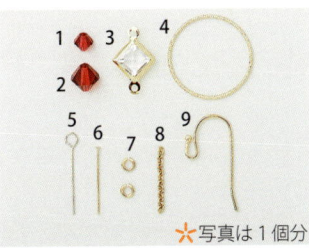

★写真は1個分

1. スワロフスキー（#5328/4mm/赤）PC：2個
2. スワロフスキー（#5328/6mm/赤）PC：2個
3. つなぎパーツ（クリア・ゴールド）：2個
4. デザインフープ（18mm/ゴールド）PC：2個
5. 9ピン（0.5×14mm/ゴールド）PC：2本
6. Tピン（0.5×14mm/ゴールド）PC：2本
7. 丸カン（0.7×3mm/ゴールド）PC：4個
8. チェーン（ゴールド）PC：1.5cm×2本
9. ピアス金具（フック/ゴールド）PC：1組

作り方

1
Tピンにスワロフスキー（6mm）を通し、輪を作ります。

2
9ピンにスワロフスキー（4mm）を通し、輪を作ります。

3
丸カンに1とデザインフープ、つなぎパーツを通します。

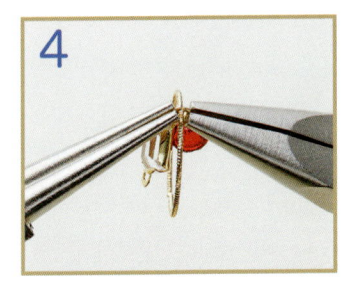

4
丸カンを閉じます。

5
4とチェーンを丸カンでつけます。（チェーンが細いときは、目打ちでコマを広げる）

6
2の輪を前後に少し広げ、チェーンを通します。

7
閉じます。

8
ピアス金具に7をつけます。

できあがり

ボタンパーツピアス

大きなパーツを組み合わせた
揺れるピアス
デザイン丸カンやフープ
パーツ選びが楽しい …

ボタンパーツピアスの作り方

材料

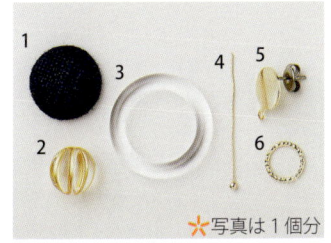

1. くるみボタンパーツ（17㎜／ネイビー）PC：2個
2. アクリルビーズ（スジ入り／12㎜／クリア・ゴールド）PC：2個
3. アクリルフープ（25㎜／クリア）PC：2個
4. 玉ピン（0.5×30㎜／ゴールド）PC：2本
5. ピアス金具（平皿10㎜／カン付き／ゴールド）PC：1組
6. デザイン丸カン（1.2×10㎜／ゴールド）PC：2個

★写真は1個分

作り方

1 玉ピンにアクリルビーズを通します。

2 玉ピンで輪を作ります。

3 デザイン丸カンを開きます。（たくさんパーツを通すので、大きめに開く）

4 3に2を通します。

5 4にアクリルフープを通します。

6 5にピアス金具のカンを通します。

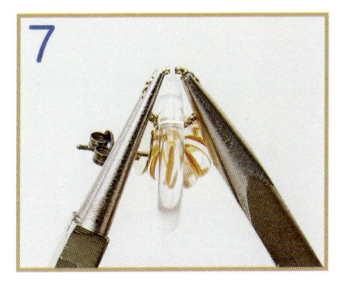

7 ヤットコでデザイン丸カンを閉じます。

8 ピアス金具の平皿にくるみボタンパーツを貼ります。

できあがり

刺しゅう糸を巻くだけ

大きな輪のピアス

大きな輪のパーツ
グラデーションの刺しゅう糸を
自由に巻くだけで
オリジナルなピアスに…

大きな輪のピアスの作り方

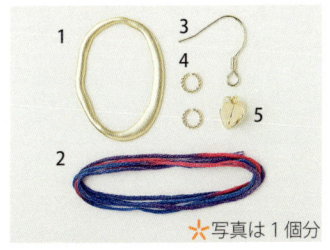

1. メタルフープ（変型/26×36㎜/ゴールド）PC：2個
2. 刺しゅう糸（マルチカラーミックス）：50㎝×1本
3. ピアス金具（フック/ゴールド）PC：1組
4. デザイン丸カン（6㎜/ゴールド）PC：4個
5. チャーム（立体ハート/1㎝/ゴールド）：2個

☀写真は1個分

作り方

1

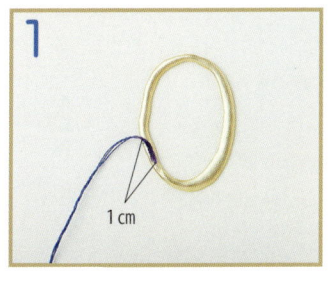

刺しゅう糸は3本どりに分けて使います。端1㎝をメタルフープに貼ります。

2

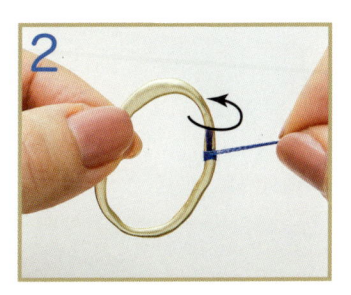

戻しながら、巻きはじめます。

3

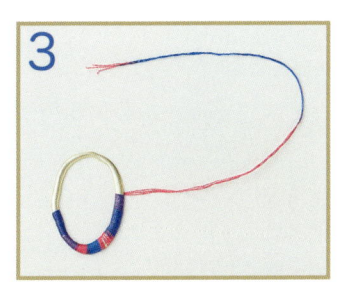

フープの右上まで巻いていきます。隙間がないように巻きます。

4

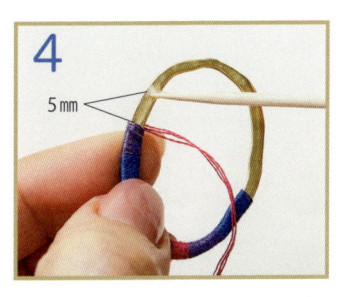

巻き終わりの5㎜くらいのところに接着剤をつけ、巻きます。

5

乾いたら、際で切ります。

6

フープ部分ができました。

7

デザイン丸カンでチャームをつけます。

8

ピアス金具と7をデザイン丸カンでつけます。

できあがり

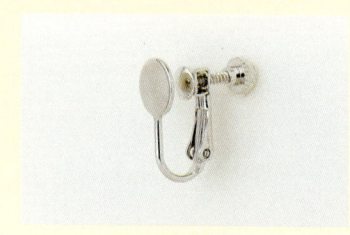

イヤリング

ピアスをイヤリングにするのは簡単！
フープ以外なら、同じタイプのパーツはあるので
どちらでも作れます。

金属のイヤリングパーツ

はさむ幅調整がついたイヤリング金具です。
パーツのつけ方で、タイプを選びましょう。

カン付きタイプ

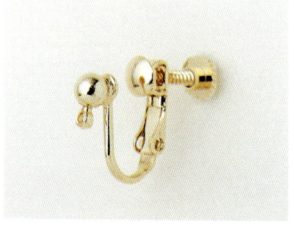

カンにパーツを下げます。

平皿付きタイプ

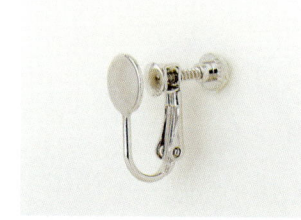

平皿にパーツを貼ります。

芯付きタイプ

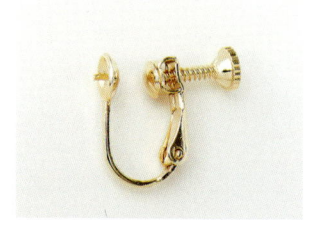

芯にパーツを刺します。

シャワー金具付きタイプ

いくつかのパーツをつける
ことができます。

石付きタイプ

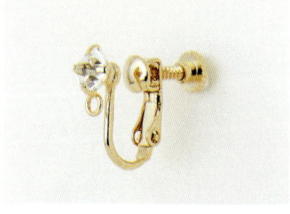

カンにパーツを下げる石付
きのタイプです。

フープタイプ

輪にパーツを通します。

樹脂のイヤリングパーツ

広げてはさむだけなので、簡単につけられます。
パーツのつけ方でいろいろなタイプがあります。

樹脂平皿タイプ

樹脂フープタイプ

作り方は、イヤリング
もピアスをも同じです。
気に入ったピアスを、
イヤリングに変えても
いいですね。

ピアスをイヤリングに‥

同じデザインで
金具をイヤリングにしました。

[A]

[B]

[C]

[A]：樹脂平皿タイプ　[B]：カン付きタイプ　[C]：平皿カン付きタイプ

ブレスレット

大きさ的にも作りやすくて
さりげないおしゃれができるのが
ブレスレットです。

ビーズをのびるテグスに通すだけでも
かわいいブレスレットができます。

チェーンにパーツをぶら下げたり
ヘンプや革ひもで編んでも…
いろいろなテクニックがあるので
1つずつ作ってみてもいいですね。

上手にできるようになったら、
お友だちにも作ってあげましょう。

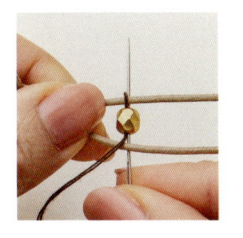

ブレスレットの作品いろいろ

パーツをつけたり、ヘンプを編んだり
作り方もいろいろなブレスレット…
さりげないオシャレを楽しみましょう。

通すだけ・貼るだけ

留め金具いろいろ

ヘンプ・ラダーワーク

革ひも・コード

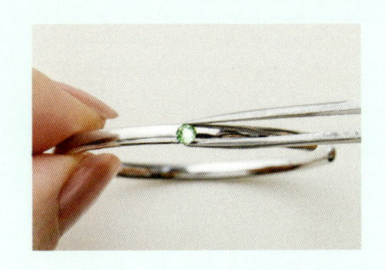

ブレスレット
通すだけ・貼るだけ

ビーズやラインストーンを金具に通すだけ、貼るだけで
簡単にブレスレットが作れます。
のびるテグスは結び目を補強するのがポイントです。

通すだけブレスレット

✿材料はP.67

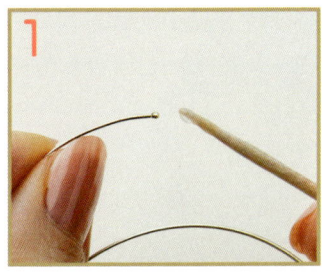

1 ブレスレット金具の先に接着剤をつけます。

2 ブレスレット金具にキャッチを貼ります。

3 パーツを通します。

4 反対側にキャッチをつけ、できあがり。

貼るだけブレスレット

✿材料はP.67

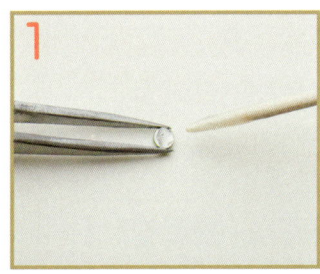

1 パーツに接着剤をつけます。

2 ブレスレット金具に貼ります。

3 パーツを全て貼り、できあがり。

ワンポイントアドバイス

ラインストーンなどの小さいパーツを使うときは、ピンセットを使うと便利です。

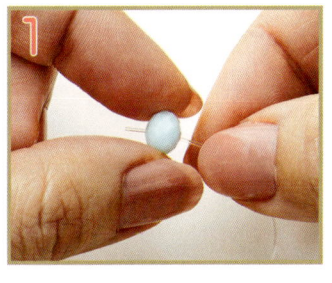

1 テグスにビーズを全て通します。

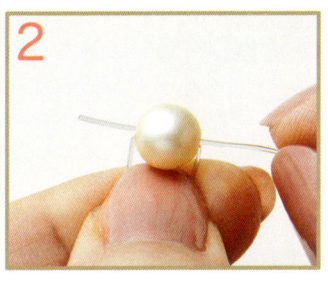

2 2周目を通します。(通しにくいときは、1周目のテグスをのばしながら通します)

3 2回転させて、結びます。

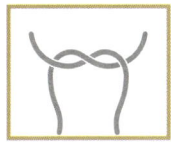

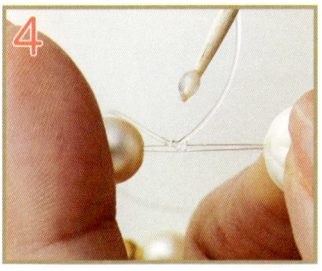

4 もう一度結び、結び目に接着剤をつけます。

5 テグスをビーズに戻します。

6 テグスを切ります。

できあがり。

7

材 料

アクリルビーズ(スジ入り/12mm/白)PC：4個
パールビーズ(8mm/白)PC：8個
メタルビーズ(4mm/ゴールド)PC：8個
ガラスビーズ(8mm/水色)PC：8個
のびるテグス(0.5mm)PC：50cm×1本

ワンポイントアドバイス

テグスの反対側は、セロハンテープを貼っておくといいでしょう。

材 料 P.66

ガラスビーズ(8mm/ピンク)PC：6個
メタルプレート(12mm/ゴールド)PC：3個
パールビーズ(8mm/白)PC：3個
ロンデル(5mm/ゴールド)PC：3個
ワイヤーブレス
(直径60mm/ゴールド)：1組

スワロフスキー(＃2088/3mm/黄緑)PC：18個
スワロフスキー(＃2088/3mm/クリスタル)PC：8個
バングル(3mm幅/ロジウム)PC：1個

引き輪・ダルマカン

ブレスレットやネックレスの端につける留め金具です。
引き輪・ダルマカンはセットで使います。
引き輪はカニカンでも応用できます。

引き輪・ダルマカンのブレスレット

✳ 材料はP.144

1 丸カンを開き、チェーンと引き輪を通します。

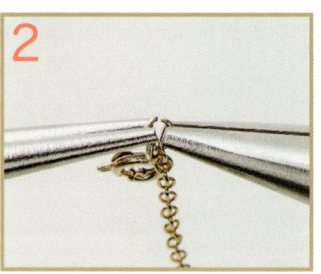

2 丸カンを閉じます。

3 チェーンに引き輪がつきました。

4 丸カンを開き、反対側のチェーンとダルマカンを通します。

5 丸カンを閉じます。

6 チェーンにダルマカンがつきました。

7 丸カンでパーツをつけます。

8 全てのパーツをつけて、できあがり。

ブレスレット

マンテル・マンテルフック

輪にバーを通すマンテルと
輪にフックを引っ掛けるマンテルフック。
留め金具は、デザインに合わせて選びましょう。

マンテルのブレスレット

✼材料はP.144

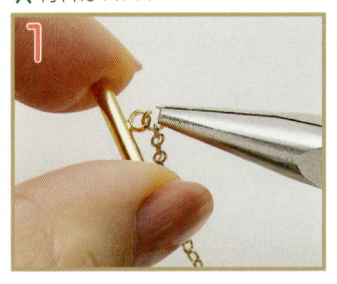

1 丸カンを開き、チェーンとマンテル(バー)を通します。

2 チェーンにマンテル(バー)がつきました。

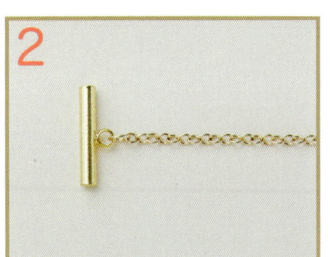

3 反対側も丸カンでチェーンにマンテル(輪)をつけます。

4 丸カンでパーツをつけて、できあがり。

マンテルフックのブレスレット

✼材料はP.144

1 丸カンを開き、チェーンとマンテルフック(フック)を通します。

2 チェーンにマンテルフック(フック)がつきました。

3 反対側の丸カンでチェーンにマンテルフック(輪)をつけます。

4 丸カンでパーツをつけて、できあがり。

革ひも・コード

革ひもやコードにパーツを通して作ります。
端の始末や長さ調整などは、
専用のパーツを使うので、簡単に作れます。

革ひもブレスレット

✽材料はP.144

1 革ひもにパーツ
を通します。

2 カシメの内側に
接着剤をつけま
す。

3 革ひもを2本そ
ろえて、カシメ
にのせます。

4 片方ずつフタを
閉じます。

5 反対側もカシメ
をつけます。

6 カシメと引き輪
を丸カンでつけ
ます。

7 反対側も、カシ
メとダルマカン
を丸カンでつけ
ます。

8 できあがり。

✳ 材料は P.145

1

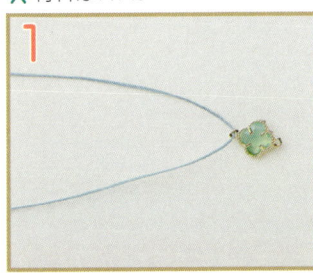

つなぎパーツの
カンにコードを
通します。

2

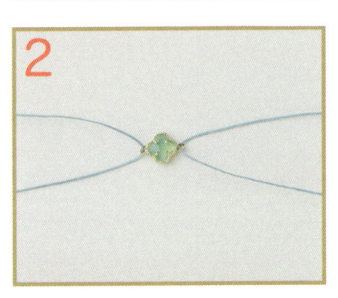

反対側のカンに
もコードを通し
ます。

3

コードを2本そ
ろえて、パーツ
を通します。

4

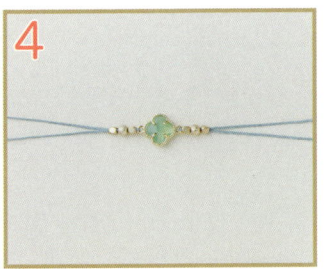

反対側も同じよ
うに通します。

5

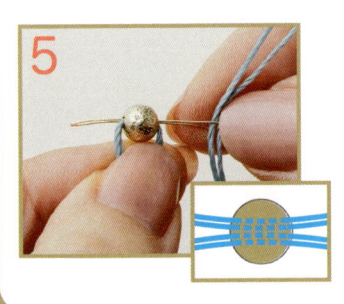

メタルビーズ
(大)に両端から
コードを通しま
す。(通しにくいとき
は、ワイヤーを
半分に折りコー
ドをはさんで通
します)

6

コードにビーズ
(小)を通します。

7

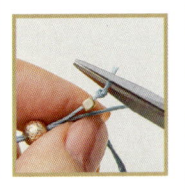

6の端を結び、
切ります。

8

できあがり。

色違いのコードブレスレット

ブレスレット
ヘンプ

人気のヘンプのブレスレットです。
芯になるひもに、結びひもを
ひとつずつ結んでいくだけで、簡単にできます。

左上ねじり編みのヘンプブレスレット

✿ 材料はP.145

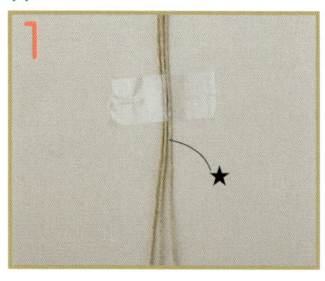

芯ひも3本をそろえて、半分の長さのところをテープで貼ります。

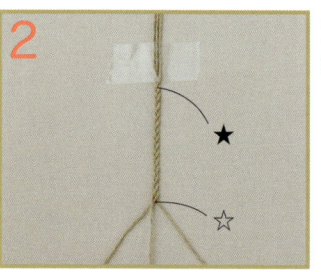

三つ編みを5cm編みます。

三つ編みを半分に折り、輪にして芯ひもを6本にし、三つ編みの根元に結びひもを結びます。

左側のひもを、芯ひもの上から右側の結びひもの下に通します。

右側のひもを、芯ひもの下に通します。

そのまま、左側の結びひもの輪に、下から通します。

左右の結びひもを均等に引っ張り、引き締めます。

4〜7をくり返します。

9 くり返していくと、結び目がねじれて、自然にらせん状になります。

10 らせんの半回転を目安に、芯ひもを持って結び目を押し上げます。

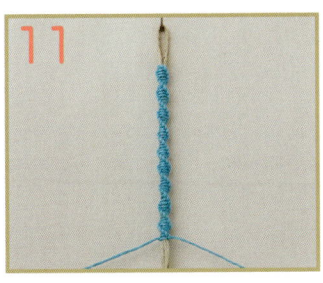

11 9㎝編みます。

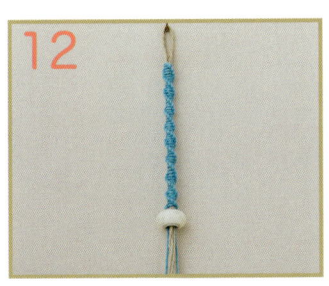

12 パーツを通します。

13 9㎝編みます。

14 留めパーツを通して、ひと結びします。

15 芯ひもを2本切ります。

16 3本ずつに分け、三つ編み2.5㎝を2本編み、結びます。

17 ひも端を1㎝残して切ります。

18 できあがり。

ラダーワーク

コードの間にビーズをはめ込んでいきます。
針の運びは同じ動作のくり返しなので、簡単です。
色選びが楽しいラダーワークです。

ラダーワークブレスレット

✳ 材料はP.145

1
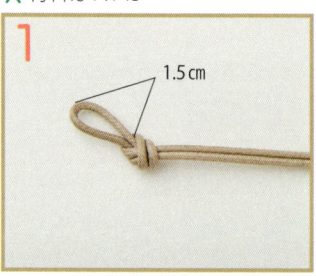
1.5 cm

コードを半分に折り、1.5cmの輪を作り、結びます。

2
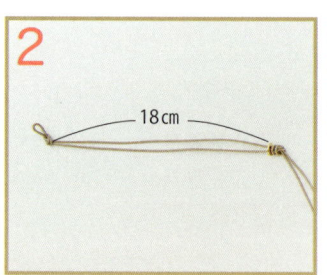
18 cm

留めパーツをコードに通し、18cmの所に仮り結びをします。

3

糸（2.5m）を上のひも1本にかけ半分に折り、糸端を2本そろえて針に通します。

✳ ここでは見えやすいように、こげ茶の糸を使用しています。

4
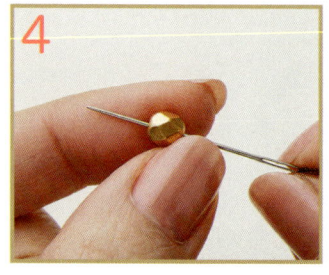

針にビーズ（金）を通します。

5

ビーズを糸の根元まで、通します。

6
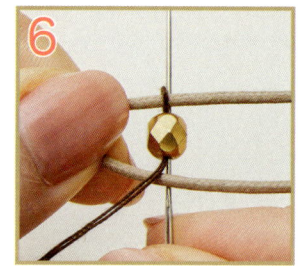

下のコードを手前から奥にまたいで、ビーズの下から上に針を通し、針はコードの向こう側に出します。

7

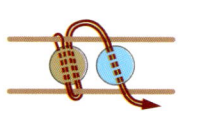

上のコードを奥から手前にまたぎ、次のビーズ（ターコイズ）を通します。

8

6・7をくり返します。

9

★ ★を4回くり返す

全てのビーズを同じように通します。

10

最後のビーズを通したら針をとり、糸で上のコードをまたぎます。

14

2で通した留めパーツを、ビーズの端に近づけます。

11

コードをはさんで、2回結びます。

15

コードを結び直します。

12

糸端を2本そろえて針に通し、最後のビーズに戻します。

16

コードの端を3cm残して結び、切ります。

13

糸を切ります。

17

できあがり。

いろいろなパーツを使う
ゴールドの豪華さと
シェルの優しさと…
想像を超えたアクセサリー。

シェルパーツを使ったブレスレットの作り方

1. シェル（フープ／穴あり／20×15mm／白）PC：2個
2. アクリルビーズ（スジ入り14×9mm／ベージュ・ゴールド）PC：1個
3. Tピン（0.6×30mm／ゴールド）PC：4本
4. 9ピン（0.7×30mm／ゴールド）PC：3本
5. ワイヤー（0.4mm／ゴールド）PC：7cm×3本
6. コットンパール（10mm／ゴールド）PC：2個
7. ファイアポリッシュ（6mm／茶）PC：3個
8. メタルビーズ（2.5mm／ゴールド）PC：2個
9. 丸カン（0.7×3.5mm／ゴールド）PC：3個
10. 引き輪（6mm／ゴールド）PC：1個
11. ダルマカン（6×4mm／ゴールド）PC：1個
12. チェーン（ゴールド）PC：10cm×1本

✳ ピアスの作り方はP.146

作り方

1
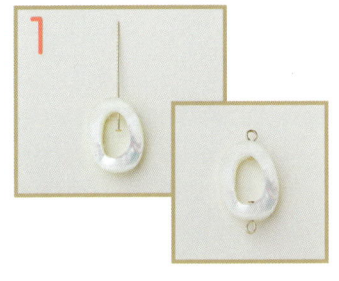

Tピンにシェルパーツを通し、輪を作ります。

2

9ピンにパーツを通し、輪を作ります。

3

ビーズ（茶）にワイヤーを通し、めがね留めにします。

4

ビーズ（茶）をめがね留めでつなぎます。

5

1、2、3で作った各パーツをつなぎます。

6

チェーンの両端をパールビーズに丸カンでつなぎます。

7

チェーンを半分にし、真ん中に丸カンで引き輪をつけます。

8

反対側に丸カンでダルマカンをつけます。

できあがり

雰囲気の違う3本のブレスレットを
1本にまとめたら
とてもゴージャス！
動きや音も楽しんで…

三連ブレスレットの作り方

材料

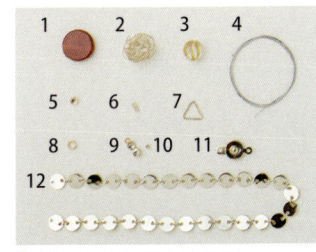

1. 天然石（赤メノウ/12mm）PC：2個
2. ワイヤー玉（10mm/ゴールド）PC：3個
3. アクリルビーズ（スジ入り/8mm/クリア・ゴールド）PC：7個
4. ナイロンコートワイヤー（0.3mm）PC：23cm×2本
5. シードビーズ（丸大/クリア・ゴールド）PC：適量
6. シードビーズ（竹/3mm/ゴールド）PC：40個
7. 三角カン（0.7×8mm/ゴールド）PC：2個
8. 丸カン（0.7×3.5mm/ゴールド）PC：8個
9. ボールチップ（3mm/ゴールド）PC：4個
10. つぶし玉（1.5mm/ゴールド）PC：4個
11. ニューホック（ゴールド）PC：1組
12. チェーン（ディスク型/ゴールド）PC：19.5cm×1本

✴ピアスの作り方はP.146

作り方

1
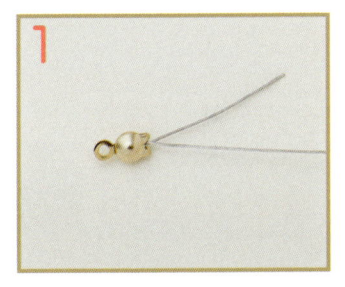

ナイロンコートワイヤーにつぶし玉をはさんで、ボールチップをつけます。

2

1本目を作ります。ビーズ（丸大）を通し、パーツ（ワイヤー玉・天然石）を通します。

3
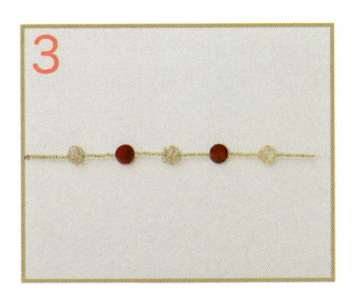

通しました。

4

反対側もつぶし玉をはさんで、ボールチップをつけます。

5
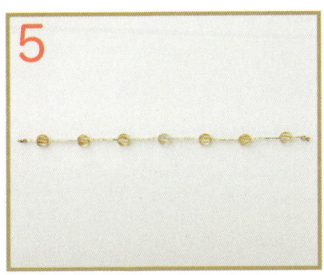

2本目を作ります。ビーズ（竹）とパーツ（アクリルビーズ）を順に通します。

6

3本の両端に丸カンをつけます。

7

三角カンに各丸カンをつけて3本をつなぎ、丸カンでニューホック（凸）をつけます。

8

反対側も7と同じように3本をつなぎ、丸カンでニューホック（凹）をつけます。

できあがり

ネックレス

チェーンにパーツを通しただけでも
すてきなネックレスが作れます。

2重にしたり、リボンを使ったり
いろいろな雰囲気に仕上げることができるのも
ネックレスの魅力です。

パーツ1つ1つをていねいにつなげて
つけていて、切れたりしないように
丈夫に仕上げるのも大事なポイントです。

おそろいでピアスやブレスレットを作れば
ちょっとしたパーティにもいいですね。

   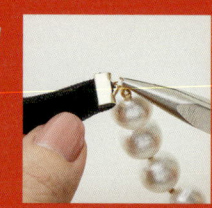

ネックレスの作品いろいろ

チェーンに通すだけでも
かわいいネックレスが作れます。
パーツ選びも楽しみましょう。

通すだけ・連バー

通すだけ

U字金具

リボン留め

ネックレス
通すだけ

パーツをチェーンに通すだけで
簡単にすてきなネックレスができます。
チェーン選びもポイントです。

ボールチェーンを使ったネックレス

✽材料はP.146

1 ボールチェーンにパーツを通します。

2 ボールチェーンの端を、Vカップに入れて閉じます。

3 2とアジャスターを丸カンでつけます。反対側は、カニカンを丸カンでつけます。

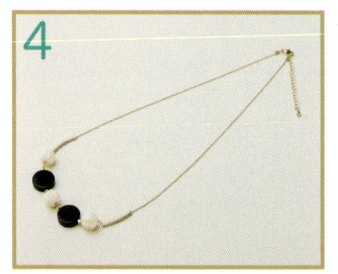

4 できあがり。

エレガンスチェーンを使ったネックレス

✽材料はP.147

1 エレガンスチェーンにボールチップとつぶし玉を通します。

2 チェーンの端で、つぶし玉をつぶします。

3 つぶし玉を入れ、ボールチップを閉じます。反対側も同じようにつけます。

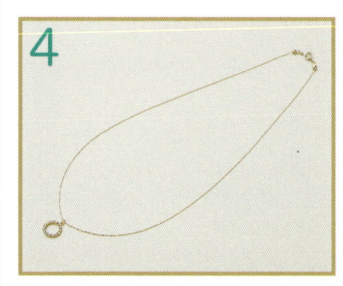

4 両端に引き輪、ダルマカンを丸カンでつけます。チャームを丸カンでつけて、できあがり。

連バー

何本かのネックレスをまとめるのが、連バーです。
チェーンを選んだら、1本ずつつけましょう。
豪華な仕上がりになります。

連バー三連ネックレス

✳材料はP.147

1
1cmずつ長さの違う3本のチェーンを用意します。

2
連バーにチェーンを丸カンでつけます。

3
連バーに3本つけたところです。

4
連バーの表裏に注意しながら、反対側にも3本を丸カンでつけます。

5
4の両端にチェーンを丸カンでつけます。

6
チェーンの先に、マグネットクラスプを丸カンでつけます。

7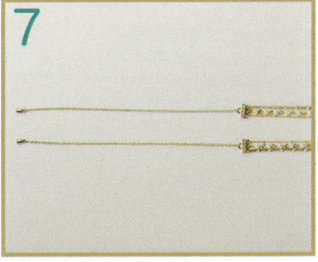
反対側もつけます。

8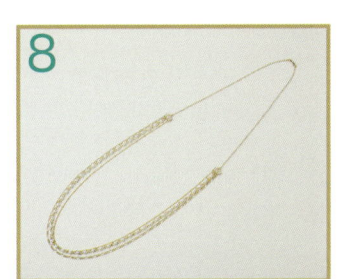
できあがり。

ネックレス

連爪チェーン

ストーンが連なったチェーンです。
このままネックレスにしてもいいし…
切って丸めたりして、ブローチやピアスでも。

連爪ネックレス

✳ 材料は P.147

1 チェーンエンドに接着剤をつけます。

2 連爪の端をのせます。

3 ツメを折ります。

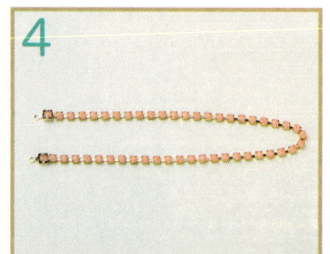

4 反対側も同じようにチェーンエンドをつけます。

5 4とチェーンを丸カンでつけます。反対側も同じようにつけます。

6 5にカニカンを丸カンでつけます。

7 反対側はチャームをつけたアジャスター用チェーンを丸カンでつけます。

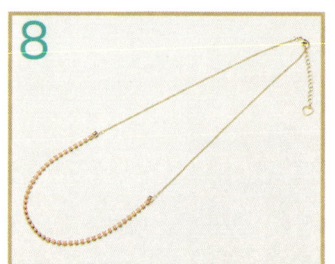

8 できあがり。

リボン留め

リボンを使ったネックレスです。
端は接着剤をつけて、リボン留めではさんで処理します。
リボンのかわいいネックレスが作れます。

リボン留めネックレス

✳材料は P.148

1

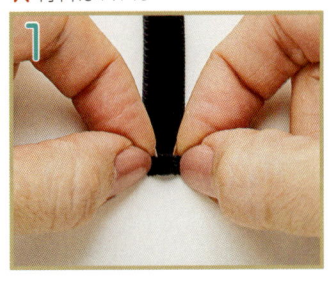

リボンをリボン留めの幅に合わせて三つ折りし、貼り合わせます。

2

リボン留めの内側に接着剤をつけます。

3

リボンを奥まで差し込みます。

4

平ヤットコで金具を閉じます。

5

リボン留めがつきました。もう1本の端にもつけます。

6

パール部分のパーツを作ります。
✳作り方は P.148

7

5の両端に6を丸カンでつけます。

8

できあがり。

U字金具

ワイヤーやテグスなどを使った作品の
端の処理に使います。
U字金具に留め金具をつけ、仕上げます。

U字金具を使ったネックレス

✱材料はP.147

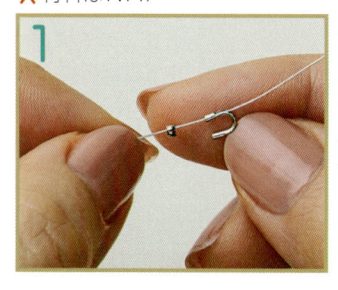

1 ナイロンコートワイヤーにつぶし玉・U字金具を、順に通します。

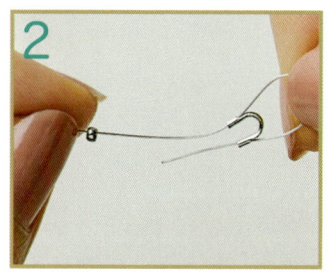

2 U字金具に沿わせ、ワイヤーを反対側にも5cm通します。

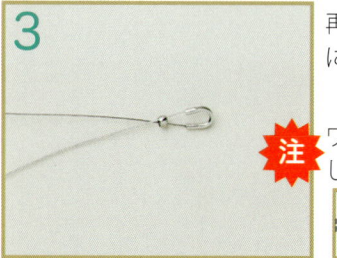

3 再度、つぶし玉に通します。

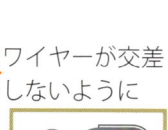

注 ワイヤーが交差しないように

4 U字金具のきわでつぶし玉をつぶし、固定します。

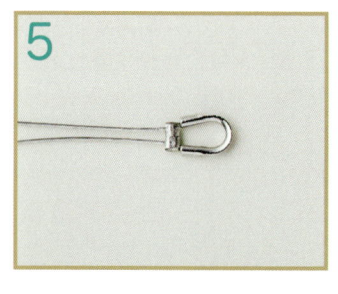

5 つぶし玉をつぶしたところです。

6 ビーズを通します。残りのワイヤーもいっしょに戻します。

7 パーツを全て通します。

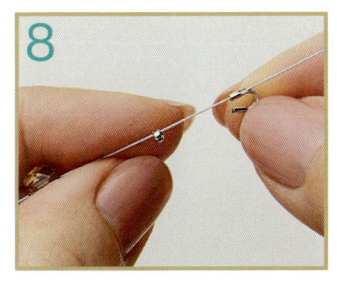

8 反対側の端に、つぶし玉・U字金具を順に通します。

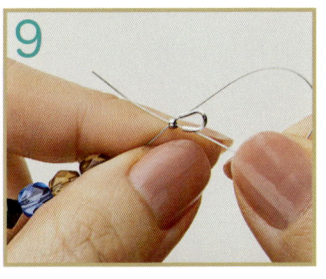

9 ワイヤーをU字金具に沿わせ、つぶし玉に通します。

10 ワイヤーをビーズ8個分くらい通し、戻します。

11 戻したところで、ワイヤーがたるまないように引きます。

12 つぶし玉をパーツのきわでつぶして、固定します。

13 余分なワイヤーを切ります。

14 U字金具がつきました。

15 クラスプ（受け部分）を丸カンでつけます。

16 反対側にもクラスプ（差し込み部分）を丸カンでつけます。

17 できあがり。

アンティーク風パーツの
華やかな3点セット

気に入った1つのパーツから
組み合わせていく…
色や雰囲気、どこか
似ているとまとまりやすいですね。

ネックレスの作品

華やかな3点セットの作り方

材 料

✳ネックレス

1. アクリルビーズ(16×16×6mm/黒・ゴールド)PC：2個
2. アクリルビーズ(16×16×6mm/クリア・ゴールド)PC：1個
3. アクリルビーズ(12×12×8mm/クリア・ゴールド)PC：1個
4. アクリルビーズ(15×9×4mm/クリア・ゴールド)PC：2個
5. チェコビーズ(バイコーン/20×8mm/黒)PC：2個
6. メタルビーズ(丸/12mm/ゴールド)PC：1個
7. 透かし金具(角/15mm/ゴールド)PC：2個
8. 9ピン(0.6×40mm/ゴールド)PC：9本
9. 丸カン(0.5×3.5mm/ゴールド)PC：6個
10. 引き輪(6mm/ゴールド)PC：1個
11. ダルマカン(6×4mm/ゴールド)PC：1個
12. チェーン(ゴールド)PC：20cm×2本

作り方

1

9ピンにビーズを通し、輪を作り、各パーツを作ります。

3

透かし金具は両端に丸カンをつけ、パーツとつなぎます。

5

チェーンの先に引き輪とダルマカンを丸カンでつけます。

2

パーツをつなぎます。

4

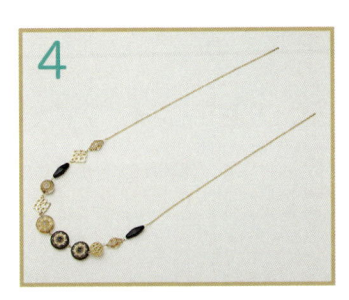

つなげたパーツの両端にチェーンをつけます。

できあがり

ブレスレットの作り方

パーツをつなぎ、引き輪とダルマカンをつけ、できあがり。

✳材料はP.148

ピアスの作り方

パーツをつなぎ、ピアス金具につけ、できあがり。

✳材料はP.148

※材料表記にPCと入っているものはPARTS CLUBの商品です。 **ネックレスの作品**

三角の大きなメタルフープに
ビーズを下げます。
ゴールドとグリーンが
どこかエキゾチックな仕上がりに。

ビーズネックレスの作り方

材 料

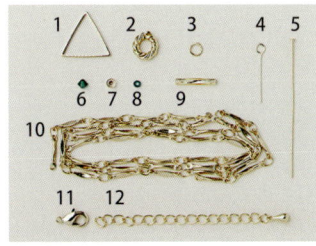

1. メタルフープ（三角/20mm/ゴールド）PC：1個
2. デザイン丸カン（8mm/ゴールド）PC：1個
3. 丸カン（0.6×4mm/ゴールド）PC：2個
4. 9ピン（0.5×14mm/ゴールド）PC：10本
5. Tピン（0.6×30mm/ゴールド）PC：9本
6. スワロフスキー（#5328/3mm/緑）：30個
7. シードビーズ（丸大/金）PC：9個
8. シードビーズ（丸小/緑）PC：36個
9. シードビーズ（ツイスト/20×1.2mm/ゴールド）PC：9個
10. デザインチェーン（ゴールド）PC：50cm×1本
11. カニカン（7.5mm/ゴールド）PC：1個
12. アジャスター（ゴールド）PC：1個

＊ピアスの作り方はP.149

作り方

Tピンにビーズを通し、輪を作り、パーツを作ります。

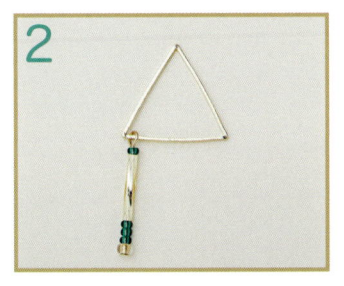

三角のメタルフープにパーツをつけます。

9個つけます。

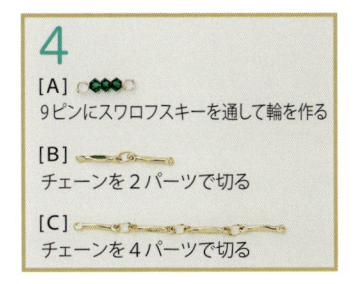

[A]
9ピンにスワロフスキーを通して輪を作る

[B]
チェーンを2パーツで切る

[C]
チェーンを4パーツで切る

チェーンにするパーツを作ります。[A]を10個、[B]を2個、[C]を9個作ります。

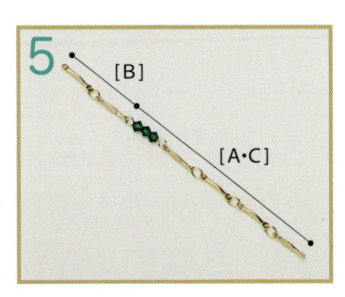

[B]
[A·C]

4をつなげます。

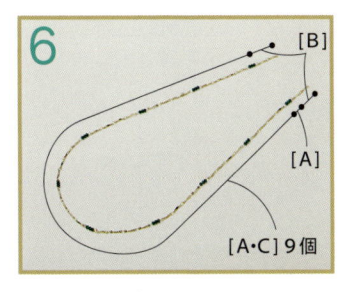

[B]
[A]
[A·C]9個

全てつなぎます。

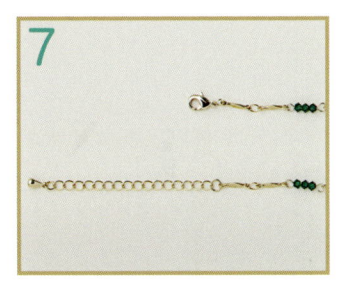

チェーンの先にカニカンとアジャスターを丸カンでつけます。

チェーンに3をデザイン丸カンでつけます。

できあがり

リング

好きなパーツを選んで
金具につけましょう。

貼るだけのリングから、
ワイヤーで編むリングまでいろいろあります。
どれも簡単にできるのがリングの魅力です。
パーツ選びも楽しいですね。

金具もパーツも小さいので、その分たいへんですが
ヤットコを上手に使えばきれいにできます。
ていねいにゆっくり作りましょう。

きれいに作れるようになったら、
オリジナルデザインにもチャレンジしてください。

 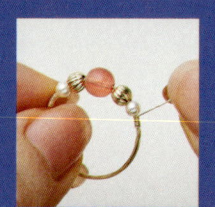  

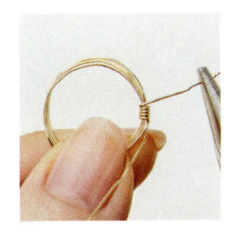

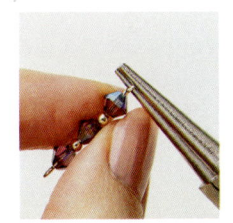

リングの作品いろいろ

ワイヤーやテグスでも簡単に作れます。
小さいから、すぐできます。
その分、ていねいに作りましょう。

金具いろいろ

テグス・ワイヤー

貼るだけ

ぶら下げる

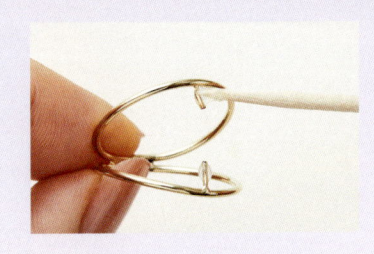

リング
金具いろいろ

いろいろなリング金具があります。
パーツを貼ったり、つなげたり…
いろいろな金具で作ってみましょう。

貼るだけリング

✱材料はP.99

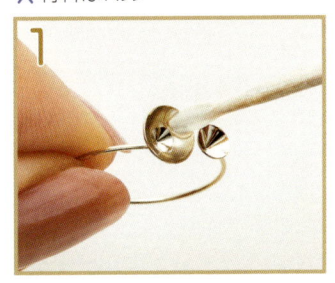

1 リング金具に接着剤をつけます。

2 大きい台にパールを貼ります。

3 小さい台にスワロフスキーを貼ります。

4 できあがり。

パーツを貼るリング

✱材料はP.99

1 ビーズを編んで花を作ります。

✱作り方はP.150

2 リング金具の平台に接着剤をつけます。

3 1を貼ります。

4 できあがり。

ビーズリング

1 9ピンにビーズを通します。

2 端を輪にします。

3 少しカーブをつけます。

4 9ピンの輪を少し開いてリング金具のカンにつけます。

5 できあがり。

パーツをはさむリング

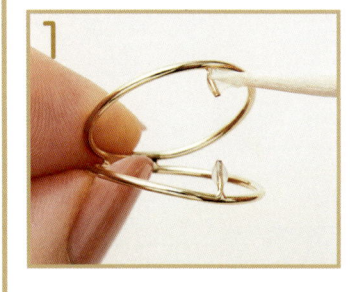

1 リングの金具を広げ、上下ある芯に接着剤をつけます。

2 ビーズの穴に芯を通し、はさみます。

3 できあがり。

材料 P.98,99

パールビーズ（片穴 / 8mm / 白）PC：1個
スワロフスキー（＃1088 / 4mm / 青）PC：1個
リング金具（コイルリング / ゴールド）PC：1個

パールビーズ（4mm / 白）PC：6個
メタルビーズ（4mm / ゴールド）PC：1個
テグス（3号）PC：30cm × 1本
リング金具（平皿10mm / ゴールド）PC：1個

スワロフスキー（＃5328 / 5mm / 紫）PC：3個
メタルビーズ（2.5mm / ゴールド）PC：2個
9ピン（0.7×30mm / ゴールド）PC：1本
リング金具（ゴールド）PC：1個

コットンパール（8mm / 白）PC：1個
リング金具（バチカンリング / ゴールド）PC：1個

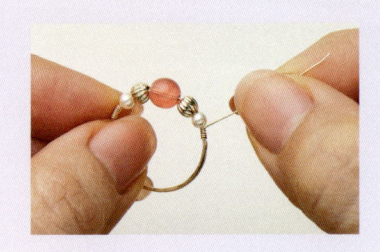

リング
ビーズ

ビーズをつなげてつくるリングです。
テグスやワイヤーに通し、
指のサイズに合わせて作りましょう。

テグスビーズリング

✳ 材料は P.149

1 テグスに石座付きストーンを通し、両脇にビーズ（竹）を通します。

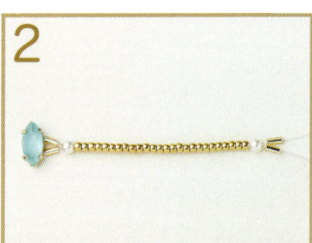

2 テグスを2本合わせビーズ（パール・丸小）を通し、最後は1本ずつにビーズ（竹）を通します。

3 テグスを石座付きストーンに通し、裏で結びます。端はビーズの中に戻して切ります。

4 できあがり。

ワイヤービーズリング

✳ 材料は P.149

1 ワイヤーにビーズを通します。

2 ワイヤーを2周通し、リングのサイズにします。

3 ビーズの両脇にワイヤーをリングに巻きつけて、固定します。

4 ワイヤーを切り、できあがり。

パーツを下げる

パーツが下がっていて、揺れるリングです。
カン付きのリングに下げたり、チェーンで下げたり、
かわいいパーツを下げましょう。

パーツを下げるリング

1 リング金具のカンに、丸カンを通します。

2 チャームを2個通し、丸カンを閉じます。

3 できあがり。

材 料

チャーム（石・立て爪/6㎜/青）PC：1個
チャーム（石・立て爪/6㎜/クリスタル）PC：1個
丸カン（0.7×3.5㎜/ゴールド）PC：1個
リング金具（カン付き/ゴールド）PC：1個

スライドボールチェーンリング

✳ 材料はP.151

1 スライドボールとチェーンを丸カンでつけます。反対のチェーン端にテグスを通します。

2 スライドボールにテグスでチェーンを通します。

3 チェーンの端に丸カンでチャームをつけます。

4 できあがり。

リング＆ブレスレット

穴のあいた天然石に
ワイヤーを通して…
ブルーの天然石が
目立つように作ります。

天然石を使ったリングの作り方

材 料

1. 天然石（ターコイズ/1.5×1.3cm）：1個
2. メタルビーズ（3mm/ゴールド）PC：2個
3. ワイヤー（0.5mm/ゴールド）PC：50cm

✿ブレスレットの作り方はP.151

作り方

1 ペンなどを芯に、30cmのワイヤーを片側5cm残して3周巻きます。

4 残りの長いほうのワイヤーにビーズと天然石を通します。

7 ワイヤーをビーズとリングの間に巻きつけて、ビーズの土台を固定させます。

2 中心で交差させて固定します。

5 リングにパーツを沿わせ、端からワイヤーをリングに5回巻きつけて、切ります。

8 全て巻きつけ、端を内側に入れます。

下から見たところ

3 ペンからはずし、残した5cmのワイヤーをリングに5回巻きつけて、切ります。

6 20cmのワイヤーの先を少し折り、ビーズの横のワイヤーにかけます。

できあがり

キラキラきれいな
シャワー金具リング＆ネックレス

スワロフスキーやパール…
たくさんのパーツをつけた
シャワー金具が華やか
ちょっとしたパーティにも…

シャワー金具リングの作り方

材 料

✲シャワー金具のビーズ位置はP.152
✲ネックレスの作り方はP.152

1.石座付きストーン(大6㎜･小4㎜/クリスタル･ゴールド)PC：各１個
2.パールビーズ(大4㎜/白)PC：３個
3.パールビーズ(小3㎜/白)PC：１個
4.メタルパーツ(花大9㎜/花小7㎜/ゴールド)PC：各１個
5.石座付きストーン(5㎜/オパール･ゴールド)PC：１個
6.スワロフスキー(＃5328/4㎜/青)：３個
7.メタルビーズ(6㎜/ゴールド)PC：１個
8.メタルパーツ(葉/7×3㎜/ゴールド)PC：１個
9.テグス(3号)：50㎝×１本
10.リング金具(シャワー 14㎜/ゴールド)PC：１組

作り方

シャワー金具にテグスを通し、ビーズを通して隣の穴に通してつけます。

パーツの位置を図で確認しながら中心の３個をつけます。

花部分は花パーツ、パールの順でテグスを通し、花パーツに戻ってからシャワー金具に通してつけます。

外側につきました。

シャワー金具の裏側でテグスを結びます。

結び目に接着剤をつけ、テグスを切ります。

シャワー金具をリング本体にはめます。

ツメを折ります。

ヘア小物

アクセサリーの中では、
大胆に作れるのがヘア小物です。

ピンからバレッタまで、
いろいろなアイテムがあるので
バリエーションも豊富です。

それぞれの特徴を生かして作るのがおすすめです。
リボンやいろいろなパーツを組み合わせたり
あまったパーツで作るのもいいですね。

気どらずつけられるので
ここからチャレンジしてもいいですね。

ヘア小物の作品いろいろ

ヘアゴムから、バレッタ、ピン
いろいろな種類があります。
手軽につけられるものから作りましょう。

ヘアゴム・ヘアピン

バレッタ・ヘアクリップ

コーム

ヘアバンド・カチューシャ

ヘアゴム・ヘアピン

パーツをつけるだけで、簡単にできるヘア小物。
好きなパーツで作りましょう。
ヘアピンは小さくても華やかに仕上がります。

パーツが下がるヘアゴム

✿材料はP.151

1  丸カン（5mm）を開き、パーツをつけます。

2  デザイン丸カンに1をつけます。同じようにして、計9個つけます。

3  カン付きヘアゴムに2を丸カン（3mm）でつけます。

4  できあがり。

シャワー金具ヘアゴム

✿材料、シャワー金具のパーツ位置はP.152

1  シャワー金具にテグスでビーズをつけます。

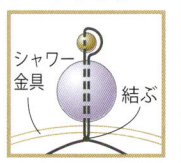
シャワー金具　結ぶ

2  結びながら7個つけ、裏側でテグスを結び、結び目に接着剤をつけて切ります。

3  シャワー金具をヘアゴム本体にはめて、ツメを折ります。

4  できあがり。

✿材料はP.152

1

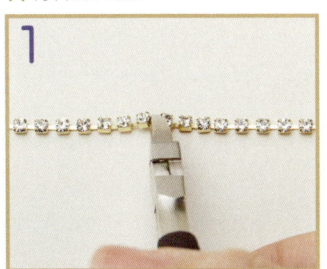

連爪を11個で切ります。

2

透かし金具の中心にパールを貼ります。

3

連爪をパールの周りに巻き、貼ります。

4

1をヘアピンの平台に貼ります。

5

できあがり。

✿材料はP.153

1

ヘアピンのカンにテグスを結び、ビーズを通します。

2

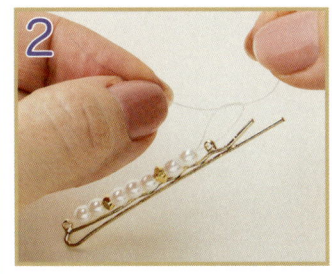

反対側のカンにテグスを結びます。

3

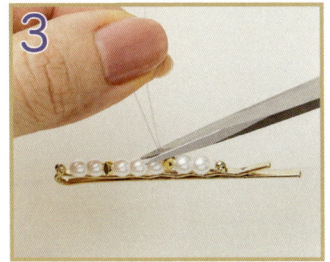

テグスをビーズに戻し、切ります。

4

チャームを丸カンでつけます。

5

できあがり。

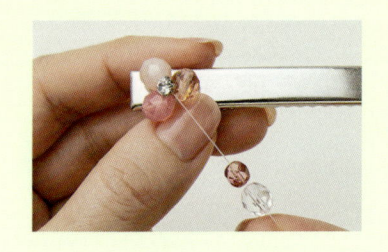

バレッタ・ヘアクリップ

ビーズを巻きつけたり、ビーズを刺しゅうしたり、
ヘア小物は思いっきり派手に作っても大丈夫です。
洋服に合わせた色で作ってもいいですね。

ビーズバレッタ

✳ 材料は P.153

1 テグス2本をバレッタの穴に結び、ビーズを通し、反対側の穴に結びます。

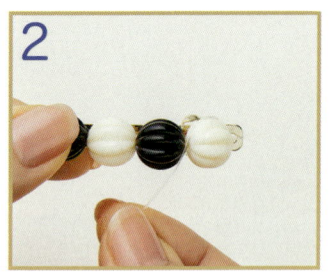

2 ビーズとビーズの間にテグスを渡します。

3 テグスにビーズ（金）を2個通し、ビーズの脇にくるようにもう一度渡します。

4 2、3をくり返し、最後は裏で渡しているテグスにからげて結び、余分を切り、できあがり。

ビーズヘアクリップ

✳ 材料・実物大写真は P.153

1 クリップの端にテグスを結び、ビーズを通します。

2 クリップに巻きつけながら、ビーズをつけていきます。

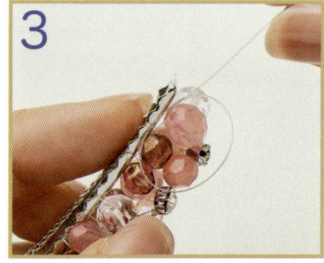

3 最後は裏で渡しているテグスにからげて結び、余分を切ります。

4 できあがり。

✿材料・実物大写真、ビーズの刺し方はP.154

1

フェルトに接着芯を貼り、図案を描きます。

2

縁にパールビーズを刺します。

3

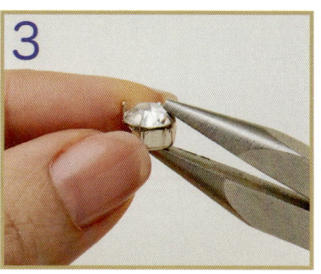

スワロフスキーを石座にはめ、ツメを折り、フェルトに縫いつけます。

4

大きいパーツを先に縫いつけます。

5

大きいパーツの周りから縫いつけていきます。

6

大きいパーツと周りが縫いつけられました。

7

丸大ビーズで周りから中へと埋めていきます。

8

後ろ側に布を貼り、形に切ります。

9

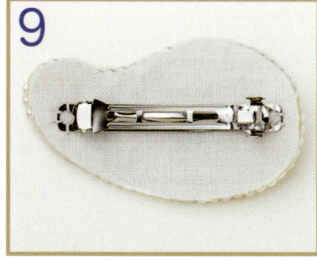

後ろ側にバレッタ金具を縫いつけます。

10

できあがり。

コーム

華やかなヘアスタイルに使うのが、コームなので
できるだけ、華やかに作ります。
盛り上がっていたり、下がっていたりがいいですね。

キラキラコーム

✽材料・実物大写真は P.155

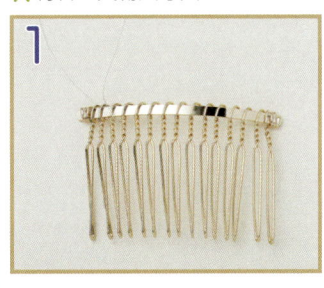
1 コームにテグス
を結びます。

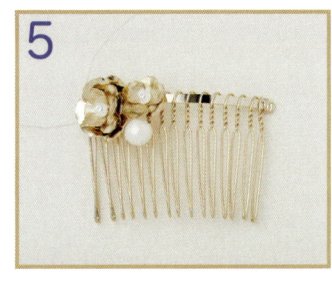
5 テグスにパール
を通し、つけま
す。

2 テグスに花パー
ツ大・小とパー
ルを通します。

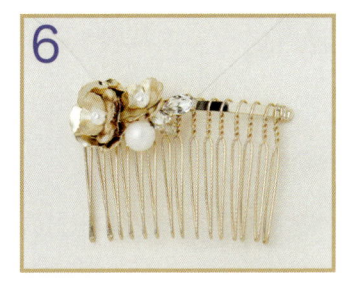
6 テグスに石座付
きストーンを通
し、つけます。

3 テグスをコーム
の根元まで引い
て、花をつけま
す。

7 全体にパーツを
つけます。

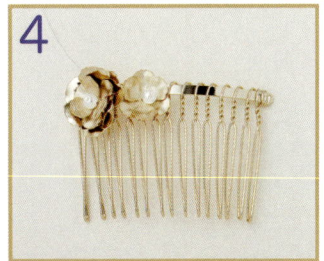
4 同じように隣に
花パーツ小とパー
ルをつけます。

8 コームの上部分
にもパーツをつ
けます。最後は
テグスを裏で結
び、余分を切り、
できあがり。

✿材料は P.155

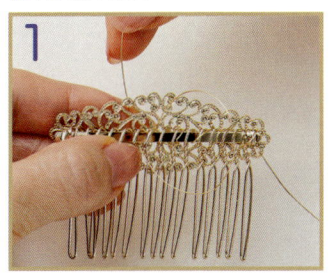

1 ワイヤーでコームに透かし金具をつけます。

2 1でつけた透かし金具に、ワイヤーで葉を全体につけます。

3 2の上に小花をつけます。

4 花(白)の根元に目打ちで穴をあけてワイヤーを通し、中心につけます。

5 花(白)の両側に花(青)をつけて、できあがり。

✿材料は P.155

1 デザインピンにビーズを通し輪を作り、パーツを作ります。（3個作る）

2 1のパーツを透かし金具に丸カンでつけます。

3 3個つけます。

4 ワイヤーで透かし金具の裏にコームをつけます。

5 できあがり。

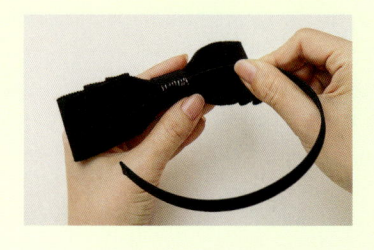

ヘアバンド・カチューシャ

パーツを作ってつないだヘアバンド。
大きなリボンのカチューシャ。
黒のリボンを使えば、シックな仕上がりです。

透かし金具とリボンのヘアバンド

✳ 材料はP.156

1 透かし金具にパールと石座付きストーンを貼り、パーツを作ります。
（10個作る）

2 1のパーツを丸カンでつなぎます。

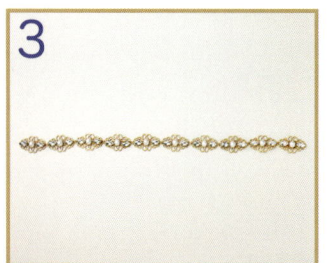

3 10個つなぎます。

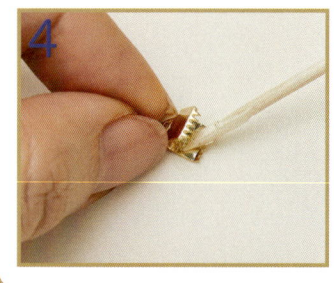

4 リボン留めの内側に接着剤をつけます。

5 リボンの端を三つ折りにし、貼り合わせます。

リボン留めの奥までリボンを差し込みます。

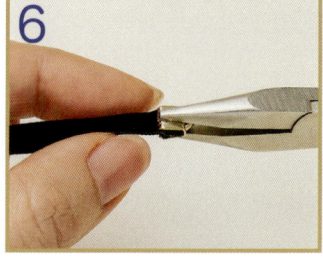

6 リボン留めを閉じます。もう1本の端にもリボン留めをつけます。

7 3のパーツの両端とリボンを丸カンでつなぎます。

8 リボンの両端を斜めに切り、できあがり。

✿材料はP.156

1

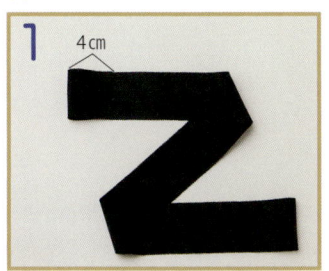

4cm

リボンを54cmに切り、両端を4cm折って接着剤で貼ります。

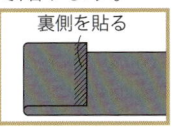

裏側を貼る

2

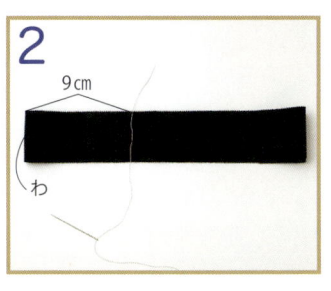

9cm

わ

リボンを半分に折り、「わ」から9cmのところを、縫いとめます。

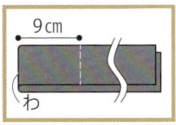

9cm

わ

3

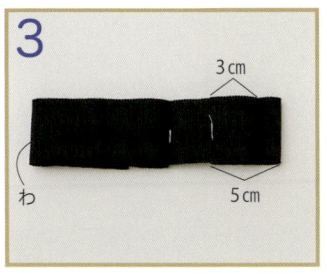

3cm

わ

5cm

端から5cmのところを3cmずつつまみ、縫いとめます。

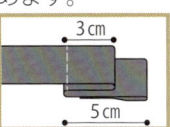

3cm

5cm

4

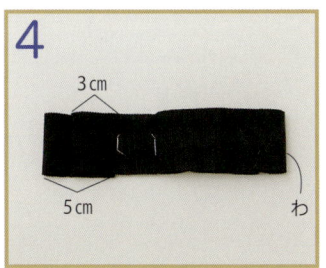

3cm

5cm

わ

反対側も3と同じように縫いとめます。

5

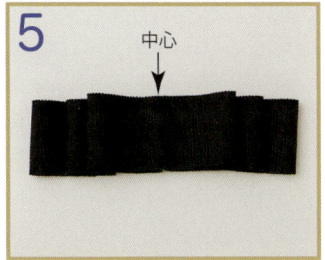

中心

2で半分に折り、縫いとめた「わ」を中心で開き、均等にたたみます。

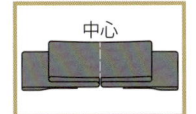

中心

6

リボンを6cmに切り、両端を中心に折ってリボン中心を作ります。

7

6をリボンの中心に巻き、裏で縫いとめます。

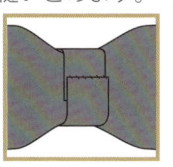

8

リボン中心にカチューシャを通します。

9

カチューシャにリボンの両端を貼ります。

10

できあがり。

ビーズ刺しゅうの
リボン型バレッタ＆ピアス

白いフェルトに
全面のビーズの刺しゅう
スワロフスキーのブルーと
シルバーがアクセント

リボン型バレッタの作り方

材料

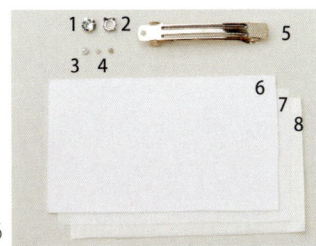

1. スワロフスキー（＃1088/8mm/緑）PC：1個
2. 石座（ロジウム）PC：1個
3. パールビーズ（4mm/白）PC：43個
4. シードビーズ（丸大/シルバー/白）：各適量
5. バレッタ（8cm/ゴールド）PC：1個
6. フェルト（白）：15×8cm
7. 接着芯（厚手/白）：15×8cm
8. 木綿地（厚手/白）：15×8cm

✻ 実物大写真はP.156
✻ ピアスの材料・作り方はP.156

作り方

1 スワロフスキーを石座にはめ、ツメを折ります。

2 接着芯を貼ったフェルトに縫いつけます。

3 2の周りにパールを一周縫いつけます。

4 3の周りに丸大ビーズ（シルバー）を一周縫いつけます。

5 リボンの図案を描きます。

6 リボンの周りに、丸大ビーズ（シルバー・白）を刺します。

7 端から中心へと埋めていき、全て縫いつけます。

8 後ろ側に布を貼り、形に切ります。

9 後ろ側にバレッタ金具を縫いつけて、できあがり。

ワイヤーでつくる
ビジューカチューシャ

結婚式にも使えそうな
華やかなカチューシャ…
ワイヤーをねじりながら
作るのも楽しい…

ビジューカチューシャの作り方

材料

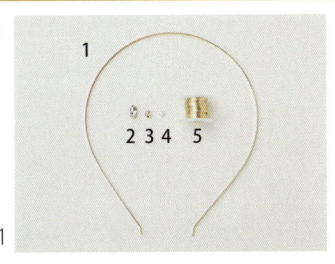

1. カチューシャ（3mm幅／ゴールド）：1個
2. 石座付きストーン（10×5mm／クリスタル・ゴールド）PC：16個
3. ファイアポリッシュ（5mm／クリスタルゴールド）PC：4個
4. パールビーズ（4mm／白）PC：20個
5. ワイヤー（0.3mm／ゴールド）PC：3m

✳パーツの実物大写真はP.151

作り方

1

石座付きストーンの上の穴にワイヤー 60cmを横に通します。

2

1で通したワイヤーを、下の穴に両脇から横に通します。

3

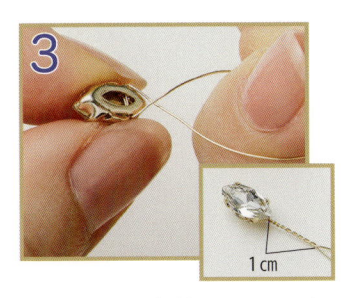

2本を下で交差して、1cmねじって固定します。

4

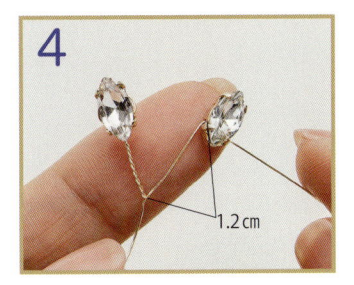

ワイヤーの片方を1.2cmとって直角に折り、石座付きストーンの下の穴に横に通します。

5

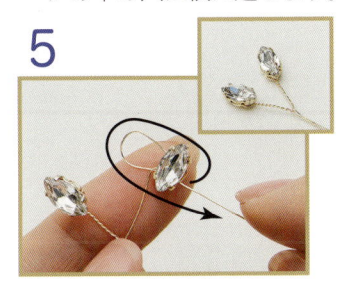

ワイヤーを上の穴に横に通し、最初に通した下の穴に戻って横に通し、3と同じようにねじってつけます。

6

ストーンを3個つけ、パールをワイヤーに通し、3と同じようにねじってつけます。

7

4〜6と同じように他のビーズもつけていき、パーツが1個できました。（4個作る）

8

パーツの軸の部分をカチューシャにワイヤーで巻きつけていきます。

できあがり

チャーム・ブローチ

洋服につけるブローチはもちろん、
バッグにつけるチャームやブローチ
お出かけが楽しくなるアイテムです。

チャームは楽しく
ポンポンを作ったり、羽根をつけたり、
華やかに作りましょう。

ブローチはシチュエーションに合わせて
豪華にもシンプルなワンポイントにも
いろいろ作れます。

試しにひとつ
作ってみると世界が広がります。

チャーム・ブローチの作品いろいろ

バッグにつけたり、洋服につけたり
コーディネイトが楽しめるアイテムです。
いろいろな素材で作ってみましょう。

チャーム

ブローチ

ピン

リボン

チャーム・ブローチ

チャーム・ブローチ
ピン・ポンポン

シンプルにパーツをつけただけのピンと
手作りポンポンのチャームです。
どちらも簡単に作れるので、チャレンジしてみましょう。

カブトピンブローチ

✷材料はP.127

1 ワイヤーをカブトピンの端に巻きつけ、ビーズを通します。

2 ビーズをカブトピンの下に沿わせ、反対側の端にワイヤーを巻きつけます。

3 ビーズとビーズの間にワイヤーを渡してカブトピンに留めていきます。

4 ワイヤーを端に巻きつけて切り、できあがり。

ポンポンチャーム

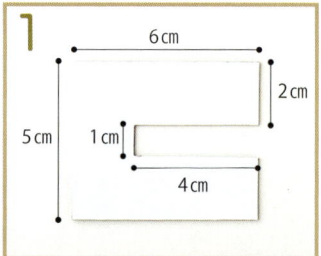

1 厚紙でポンポンを作る台紙を作ります。

中細毛糸1本と変わり糸4本を合わせて巻いていきます。

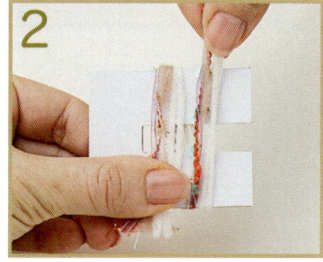

2 中細毛糸1本と変わり糸4本を合わせて巻いていきます。

3 20回巻けました。
（巻き回数は使用する毛糸により調整する）

4 中心を結びます。

5 上下を切り、台紙からはずします。

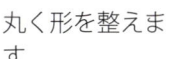

6 丸く形を整えます。

7 4で結んだ毛糸に丸カンを通して結びます。

8 7でつけた丸カンに丸カンを2個つなぎ、バッグチャーム金具のチェーンにつけます。

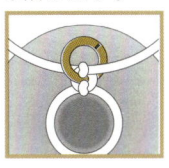

9 3種類のリボンの端を合わせて、リボン留めにつけます。

10 デザインピンをパールに通し、片めがね留めにします。

11 リボンとパールをチャーム金具のチェーンに丸カンでつけます。

12 できあがり。

材 料

毛糸(中細/白):適量
変わり糸(ピンク系4種):各適量
リボン(サテン)(レース)(オーガンジー):
　　　　　各13cm
コットンパール(15mm/白):1個
デザインピン
(0.6×30mm/クリスタル・ゴールド)PC:1本
リボン留め(10mm/ゴールド)PC:1個
丸カン(1×6mm/ゴールド)PC:4個
バッグチャーム金具(20cm/ゴールド)PC:1個

材 料 P.126

コットンパール(10mm/白/グレー)PC:各1個
コットンパール(8mm/白)PC:2個
メタルビーズ(ノット スジ入り/11mm/ゴールド)
　　　　　PC:1個
ワイヤー(0.3mm/ゴールド)PC:30cm×1本
カブトピン(6cm/ゴールド)PC:1個

フェザー・ブローチピン

フェザーをつけると豪華な仕上がりになります。
ブローチもゴールドパーツを入れるだけで華やかです。
パーツ選びが楽しいチャームとブローチです。

フェザーチャーム

✳材料はP.157

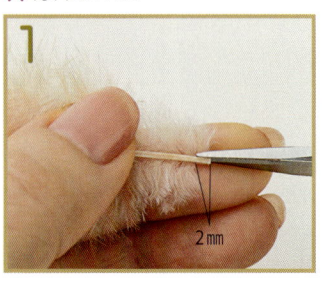

1 フェザーの根元が2㎜出るように羽根部分を切ります。

2㎜

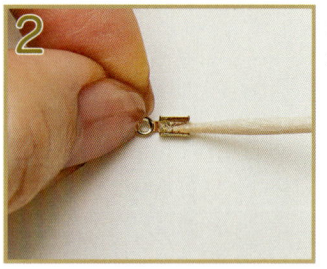

2 カシメに接着剤をつけます。

3 カシメにフェザーの根元をのせ、カシメを片方ずつ倒し、はさみます。

4 フェザーのパーツができました。（他のフェザーのパーツも同じように作る）

5 玉ピンに座金とビーズを通します。

6 5の玉ピンの先を輪にし、透かし金具につけてパーツを作ります。（2個作る）

7 各パーツをチャーム金具のチェーンに丸カンでつけます。

8 できあがり。

透かし金具のブローチ

✻材料は P.157

1

透かし金具の裏にブローチピンをワイヤーでつけます。

2

ワイヤーをブローチピンの穴に通し、花パーツとストーンを通します。

3

通したワイヤーを引き、ブローチピンのうしろでワイヤーをねじって、花パーツとストーンを固定します。

4

スワロフスキーをチャーム留めにします。

5

透かし金具に4を丸カンでつけて、できあがり。

くるみボタンブローチ

✻材料・実物大写真は P.145

1

布を直径7cmに切り、パーツを縫いつけていきます。

2

全てのパーツを縫いつけます。

3

5mm

端から5mm内側を一周細かく縫います。

布を裏にして内側にくるみボタンパーツを入れて、縫い縮めます。

4

ブローチピンをつけてから、くるみボタンパーツをはめ込みます。

5

できあがり。

チャーム・ブローチ
いろいろ

ブローチやピンの金具もいろいろあります。
用途に合わせて選びましょう。
ボタンのあしを切って、ピンにするのもいいですね。

貼るキラキラブローチ

✿材料はP.157

1 石座付きストーン（3mm）を花パーツの中心に貼ります。（2個作る）

2 1をブローチ金具に貼ります。

3 石座付きストーン（4mm）を金具に貼ります。

4 一周貼って、できあがり。

カブトピン三連ブローチ

✿材料はP.157

1 デザインピンをパールに通して輪を作ります。（3個作る）

2 パールとつなぎパーツを丸カンでつなぎます。

3 2をカブトピンのカンに丸カンでつけます。

リーフとパールを丸カンでつけます。

4 3ヶ所につけて、できあがり。

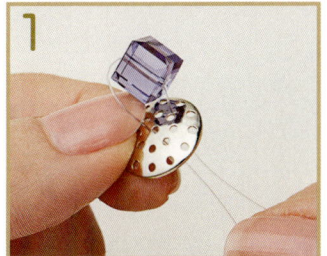

1 シャワー金具にテグスでビーズをつけます。

シャワー金具のパーツ位置

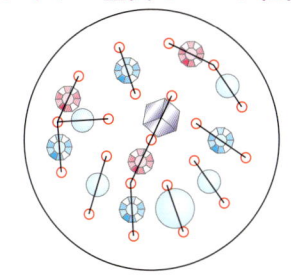

2 図案通りにシャワー金具にビーズをつけ、裏でテグスを結び、結び目に接着剤をつけ、テグスを切ります。

3 シャワー金具をハットピン本体にはめて、ツメを折ります。

4 できあがり。

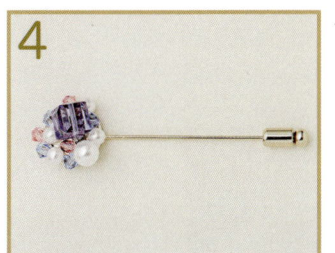

1 ボタンの裏のあしをニッパーで切ります。

2 ピンバッチに接着剤をつけ、ボタンに貼ります。

3 できあがり。

材 料

ボタン（足つき/24mm/シルバー）：1個
タックピン（平皿10mm/ロジウム）：1個

材 料

スワロフスキー（＃5601/8mm/紫）PC：1個
スワロフスキー（＃5328/4mm/水色）：4個
スワロフスキー（＃5328/4mm/ピンク）：3個
パールビーズ（6mm/白）：1個
パールビーズ（4mm/白）：4個
テグス（3号）PC：50cm×1本
ハットピン（シャワー 14mm/ゴールド）PC：1個

リボン

リボンを使ったブローチです。
1つつけるだけで、華やかになります。
同じようにリボンプラスαで、ヘア小物も作れます。

リボンブローチ

✻材料はP.158

1 リボン(92cm)を10cm幅にたたみ、中心を並縫いで縫います。

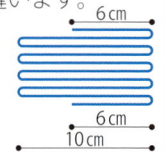

2 縮めてリボンの形に整えて縫いとめます。

3 石座をつけたストーンとパールを縫いつけます。

4 ブローチピンに貼り、できあがり。

リボンのお花ブローチ

✻材料はP.158

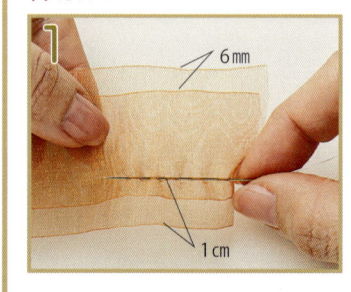

1 リボン(50cm)2枚を6mmずらして重ね、下から1cmのところを並縫いで縫います。

2 縮めて丸い形にし、縫いとめます。

3 座金とパールを中心に縫いつけます。（3個縫いつける）

4 ブローチ金具に貼り、できあがり。

リボンバレッタ

✳材料はP.158

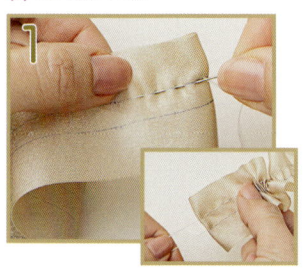

リボン（35cm）の中心を2本並縫いで縫います。

糸を引きギャザーをよせます。

7cmに縮めて、両端は2cm裏に折り、縫いとめます。

中心に透かし金具とパール、ストーンを縫いつけます。

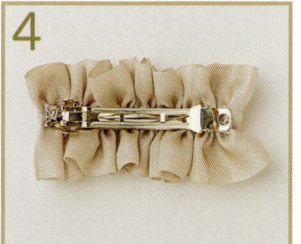

バレッタに縫いつけます。

できあがり。

リボンバナナクリップ

✳材料はP.158

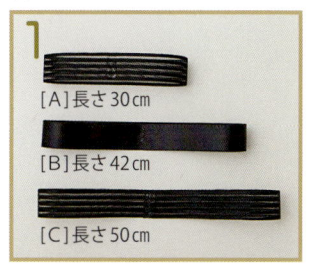

[A]長さ30cm

[B]長さ42cm

[C]長さ50cm

リボンを切り、1cm重ねて輪にして貼ります。

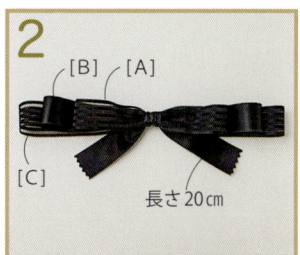

[B]　[A]

[C]　　長さ20cm

1を重ね、中心を20cmに切ったリボンで結び、リボンの形を整えます。

2で結んだリボンの端をクリップに接着剤で貼ります。

一番下のリボン[C]を3で貼ったリボンの上に貼ります。

できあがり。

糸を巻くだけ
ブローチ＆ピアス

輪に糸を巻くだけで
かわいいブローチが…
ピアスはタッセルで作ります。
色違いで作っても…

糸を巻くだけブローチの作り方

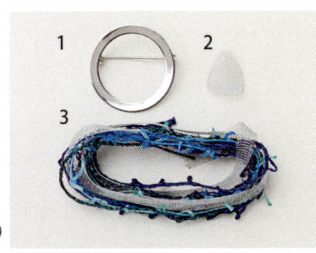

1.ブローチ金具(リング30㎜/ロジウム)PC：1個
2.アクリルパーツ(花びら/18×13㎜/白)PC：2個
3.変わり糸(ブルー系5種)：50㎝×各1本

✳ピアスの作り方はP.159　　✳色違い(グリーン)のセットの材料はP.159

作り方

1

ブローチ金具の裏に糸を貼ります。

2

巻きつけていきます。

3

1周巻きます。

4

目立たせたい糸で二周目を巻きます。

5

下まで巻けたら、糸にパーツを通します。
(写真のように二つ折りワイヤーにはさんで通すと便利)

6

パーツを2個通し、下に並ぶようにつけます。

7

二周巻き終わったら糸を揃えてまとめ、裏で結びます。

8

糸端を接着剤で裏に貼ります。

できあがり

いらなくなったボタンを
金具につけるだけ
ブローチ、バレッタ、ピアス
組み合わせを楽しんで…

いらなくなったボタンのバレッタ・ピアス・ブローチの作り方

材料

＊ブローチ

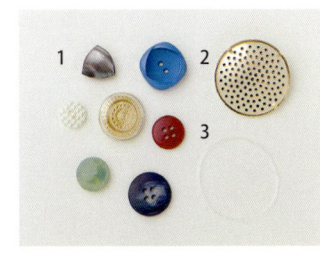

■ ブローチ
1. ボタン：7個
2. ブローチ金具
　（シャワー34mm／ゴールド）PC：1個
3. テグス（3号）PC：50cm×1本

■ ピアス
ボタン：6個
透かし金具（14mm／ゴールド）PC：2個
テグス（3号）PC：30cm×2本
ピアス金具（平皿10mm／ゴールド）PC：1組

■ バレッタ
ボタン：9個
透かし金具
　（57×16mm／ゴールド）PC：1個
ワイヤー
　（0.3mm／ゴールド）PC：50cm×1本
バレッタ（6cm／ゴールド）PC：1個

作り方

■ ブローチ

1
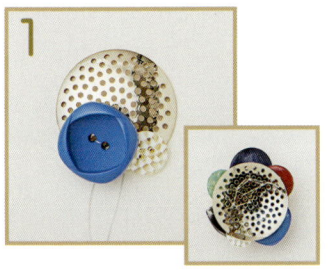

シャワー金具にテグスでボタンをつけます。

2

シャワー金具をブローチ本体にはめて、ツメを折ります。

3

できあがり。

■ ピアス

1

透かし金具にテグスでボタンをつけていきます。

2

全体につけたら、裏側でテグスを結び、結び目に接着剤をつけて切ります。

3

ピアス金具に貼り、できあがり。

■ バレッタ

1

バレッタにワイヤーで透かし金具をつけます。

2

透かし金具にワイヤーでボタンをつけていきます。

3

全体につけて、できあがり。

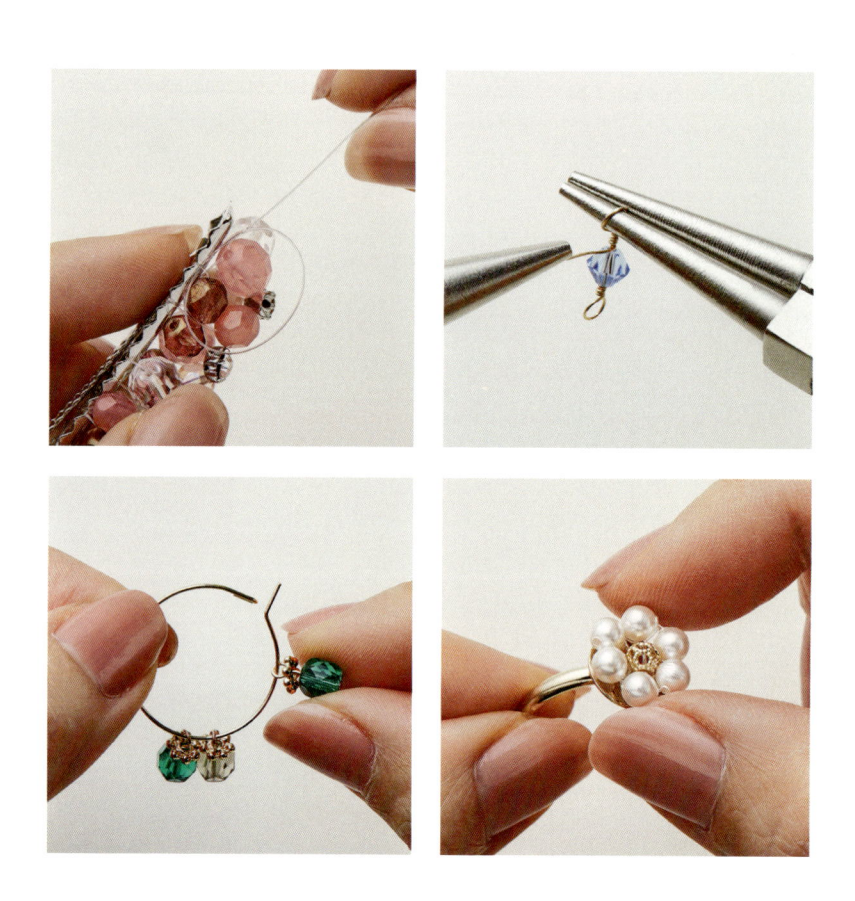

終わりに

ピアスからヘア小物まで…
アクセサリーの世界
いかがでしたか。

やってみると
「作る楽しさ」
「身につける楽しさ」が
わかるのでは…と思います。

自分で作った、
世界でたった1つのアクセサリー。
その魅力は無限大です。

ゆっくりていねいに
きれいに仕上げてください。

上手にできたら、
みんなにも見せて
アクセサリーの楽しさを伝えてください。

アクセサリーから
いろいろなものが生まれてきます。

アクセサリーからはじまる物語…

さあ、はじめましょう。

作品インデックス

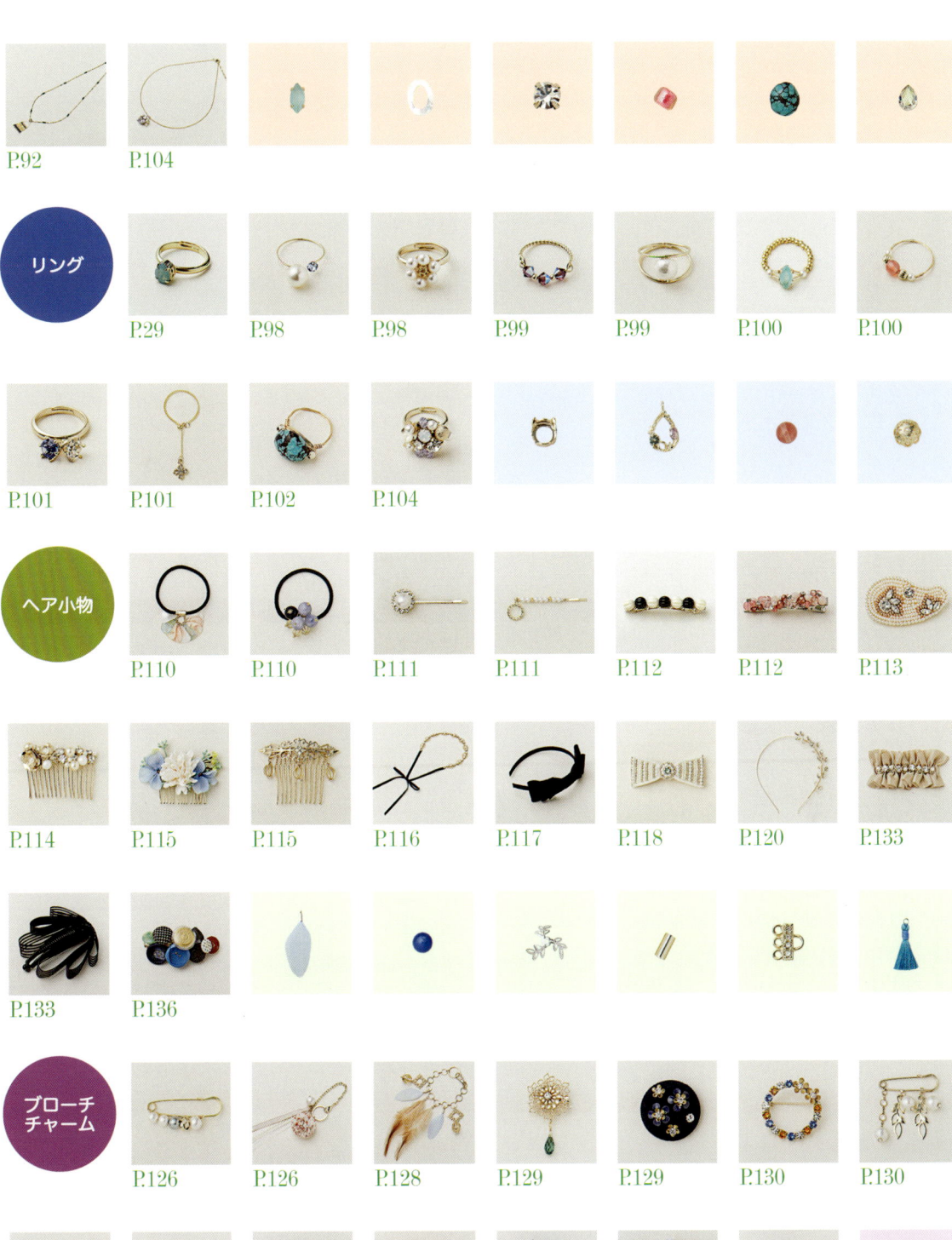

P.92	P.104						
リング	P.29	P.98	P.98	P.99	P.99	P.100	P.100
P.101	P.101	P.102	P.104				
ヘア小物	P.110	P.110	P.111	P.111	P.112	P.112	P.113
P.114	P.115	P.115	P.116	P.117	P.118	P.120	P.133
P.133	P.136						
ブローチ チャーム	P.126	P.126	P.128	P.129	P.129	P.130	P.130
P.131	P.131	P.132	P.132	P.134	P.134	P.136	

インデックス

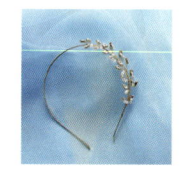

掲載作品の作り方

※材料表記にPCと入っているものはPARTS CLUBの商品です。

P.68 引き輪・ダルマカンのブレスレット

材料
チャーム（丸/9mm/黄）PC：5個
メタルパーツ（葉/17.5×10.5mm/ゴールド）PC：4個
チェーン（ゴールド）PC：18cm×1本
丸カン（0.5×3.5mm/ゴールド）PC：11個
引き輪（6mm/ゴールド）PC：1個
ダルマカン（6×4mm/ゴールド）PC：1個

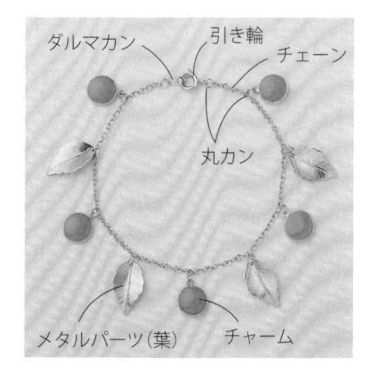

P.69 マンテルフックのブレスレット

材料
チャーム（丸/9mm/ピンク）PC：5個
メタルパーツ（葉/17.5×10.5mm/ゴールド）PC：4個
チェーン（ゴールド）PC：18cm×1本
丸カン（0.5×3.5mm/ゴールド）PC：11個
マンテルフック（ゴールド）：1組

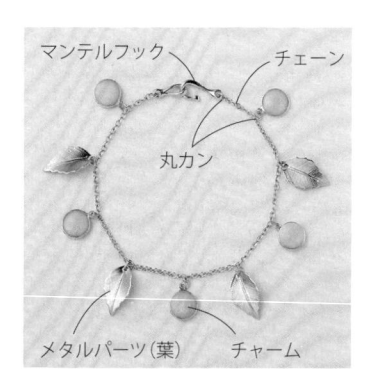

P.69 マンテルのブレスレット

材料
チャーム（丸/9mm/水色）PC：5個
メタルパーツ（葉/17.5×10.5mm/ゴールド）PC：4個
チェーン（ゴールド）PC：18cm×1本
丸カン（0.5×3.5mm/ゴールド）PC：11個
マンテル（ゴールド）PC：1組

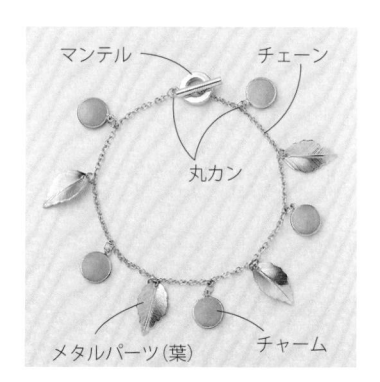

P.70 革ひもブレスレット

材料
ウッドパーツ（12面体/10×10mm/白）PC：2個
ウッドパーツ（円形/15mm/茶）PC：2個
メタルビーズ（5mm/ゴールド）PC：5個
ウッドパーツ（ナツメ型/25×10mm/白）PC：2個
アクリルビーズ
　（スジ入り/21×14mm/クリア・ゴールド）PC：2個
革ひも（1.5mm/茶）PC：18cm×2本
カシメ（3mm用/ゴールド）PC：2個
丸カン（0.7×3.5mm/ゴールド）PC：2個
引き輪（6mm/ゴールド）PC：1個
ダルマカン（6×4mm/ゴールド）PC：1個

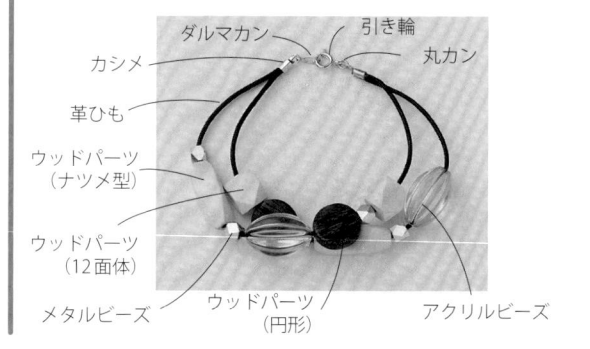

P.71 コードブレスレット（ブルー）

材料
つなぎパーツ（花/10mm/緑）PC：1個
メタルビーズ（2.5mm/ゴールド）PC：8個
メタルビーズ（4mm/ゴールド）PC：2個
メタルビーズ（大/6mm/ゴールド）PC：1個
ワックスコード（0.75mm/青）PC：25cm×2本

P.71 コードブレスレット（ベージュ）

材料
つなぎパーツ（花/10mm/ピンク）PC：1個
メタルビーズ（2.5mm/ゴールド）PC：8個
メタルビーズ（4mm/ゴールド）PC：2個
メタルビーズ（大/6mm/ゴールド）PC：1個
ワックスコード（0.75mm/ベージュ）PC：25cm×2本

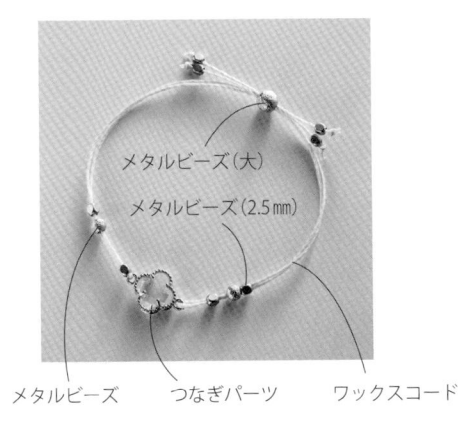

メタルビーズ（大）
メタルビーズ（2.5mm）
メタルビーズ　つなぎパーツ　ワックスコード

P.72 ヘンプブレスレット

材料
ヘンプ（芯ひも/細/ナチュラル）：70cm×3本
ヘンプ（結びひも/細/水色）：250cm×1本
チャームビーズ（シェル/14mm/白）PC：1個
留めパーツ（フープ/15mm/茶）：1個

留めパーツ　ヘンプ（ナチュラル）
ヘンプ（水色）　チャームビーズ

P.74 ラダーワークブレスレット

材料
ファイアポリッシュ（6mm/ターコイズ）PC：16個
ファイアポリッシュ（6mm/グレー）PC：8個
ファイアポリッシュ（6mm/茶）PC：4個
ファイアポリッシュ（6mm/金）PC：5個
留めパーツ（ボタン/10mm/ゴールド）PC：1個
糸（#30/ベージュ）：適量
ワックスコード（1.2mm/ベージュ）：70cm×1本

留めパーツ　ワックスコード
ガラスビーズ（ターコイズ）（金）（グレー）（茶）

P.129 くるみボタンブローチ

材料
布地（ベルベット/紺）：7×7cm
メタルパーツ（花/15mm/ネイビー）PC：2個
メタルパーツ（花/9mm/ゴールド）PC：4個
石座付きストーン（5mm/クリスタル・ゴールド）PC：1個
石座付きストーン（4mm/クリスタル・ゴールド）PC：4個
くるみボタンキット（ブローチセット/
　　　　　　　　サークル4cm）：1組

〈実物大〉

メタルパーツ（花/ネイビー）
メタルパーツ（花/ゴールド）

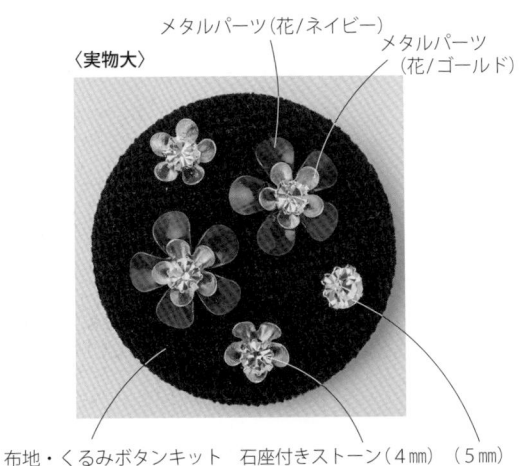

布地・くるみボタンキット　石座付きストーン（4mm）（5mm）

P.76 シェルパーツピアス

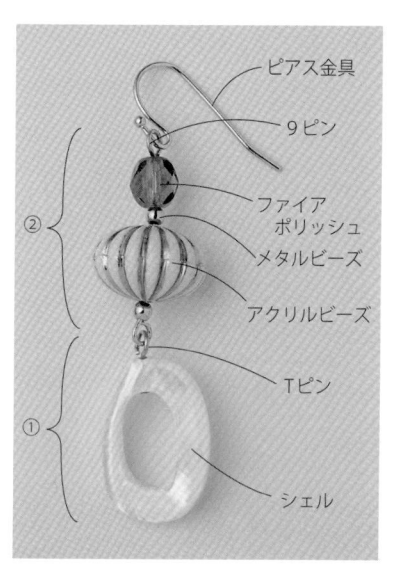

材料
シェル（フープ/穴あり/20×15mm/白）PC：2個
アクリルビーズ
　（スジ入り/14×9mm/ベージュ・ゴールド）PC：2個
ファイアポリッシュ（6mm/茶）PC：2個
メタルビーズ（2.5mm/ゴールド）PC：6個
Tピン（0.6×30mm/ゴールド）PC：2本
9ピン（0.7×30mm/ゴールド）PC：2本
ピアス金具（フック/ゴールド）PC：1組

作り方
① Tピンにシェルパーツを通し、輪を作ります。
② 9ピンにパーツを通し、輪を作ります。
③ ①と②をつなぎます。
④ ③をピアス金具につけ、できあがり。

画像内ラベル：ピアス金具、9ピン、ファイアポリッシュ、メタルビーズ、アクリルビーズ、Tピン、シェル、②、①

P.78 三連ブレスレットのピアス

材料
天然石（赤メノウ/12mm）PC：2個
ワイヤー玉（8mm/ゴールド）PC：2個
アクリルビーズ（スジ入り/8mm/クリア・ゴールド）
　　　　　　　PC：2個
シードビーズ（丸大/クリア・ゴールド）PC：2個
Tピン（0.6×40mm/ゴールド）PC：2本
ピアス金具（カン付き/ゴールド）PC：1組

作り方
① Tピンにパーツを通し、輪を作ります。
② ①をピアス金具につけます。

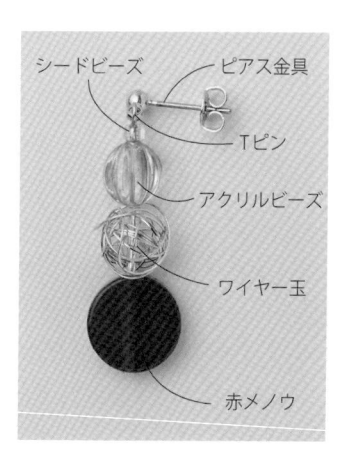

画像内ラベル：シードビーズ、ピアス金具、Tピン、アクリルビーズ、ワイヤー玉、赤メノウ

P.84 ボールチェーンネックレス

材料
天然石（オニキス/16mm）PC：2個
アクリルビーズ（スジ入り/12mm/白）PC：3個
メタルビーズ（2.5mm/ゴールド）PC：4個
パイプ（角/2×25mm/ゴールド）PC：2本
ボールチェーン（ゴールド）PC：50cm×1本
Vカップ（1.5mm用/ゴールド）PC：2個
丸カン（0.6×4mm/ゴールド）PC：2個
カニカン（7.5mm/ゴールド）PC：1個
アジャスター（ゴールド）PC：1個

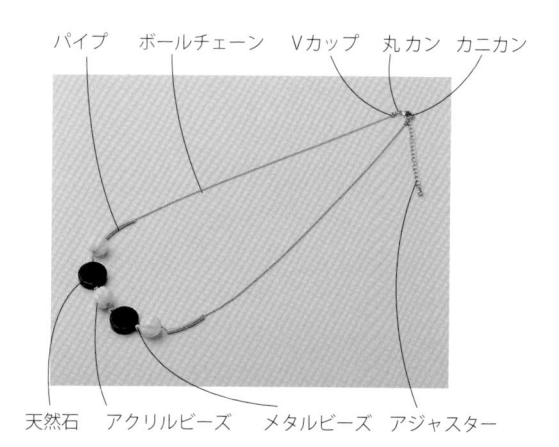

画像内ラベル：パイプ、ボールチェーン、Vカップ、丸カン、カニカン、天然石、アクリルビーズ、メタルビーズ、アジャスター

P.84 エレガンスチェーンネックレス

材料
チャーム(連爪/1.5cm/クリスタル・ゴールド)PC：1個
エレガンスチェーン(ゴールド)PC：50cm×1本
ボールチップ(3mm/ゴールド)PC：2個
つぶし玉(1.5mm/ゴールド)：2個
丸カン(0.5×3mm/ゴールド)：2個
引き輪(6mm/ゴールド)PC：1個
ダルマカン(6×4mm/ゴールド)PC：1個

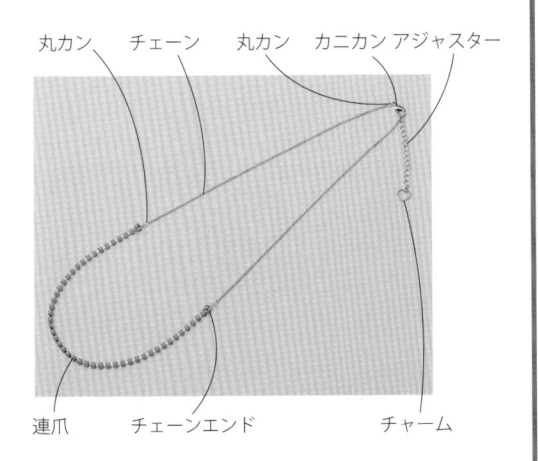

ボールチップ・つぶし玉　丸カン　引き輪　ダルマカン
チャーム　丸カン　エレガンスチェーン

P.85 連バーネックレス

材料
デザインチェーン(丸玉あり/ゴールド)PC：
　　46cm×1本
デザインチェーン(パールあり/ゴールド)：
　　47cm×1本
デザインチェーン(ゴールド)PC：48cm×1本
チェーン(ゴールド)PC：18cm×2本
連バー(三連/クリスタル・ゴールド)PC：2個
丸カン(0.7×3.5mm/ゴールド)PC：10個
マグネットクラスプ(ゴールド)PC：1組

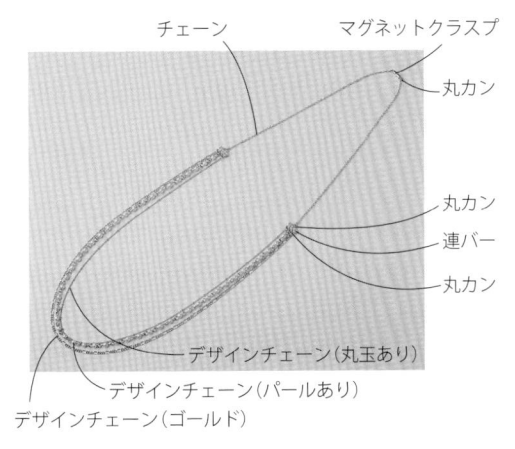

チェーン　マグネットクラスプ
丸カン
丸カン
連バー
丸カン
デザインチェーン(丸玉あり)
デザインチェーン(パールあり)
デザインチェーン(ゴールド)

P.86 連爪ネックレス

材料
連爪(3mm/ピンク・ゴールド)：22cm×1本
チェーンエンド(3mm用ゴールド)PC：2個
チェーン(ゴールド)PC：18cm×2本
丸カン(0.5×3.5mm/ゴールド)PC：5個
カニカン(7.5mm/ゴールド)PC：1個
アジャスター(ゴールド)PC：1個
チャーム(ハート/9mm/ゴールド)PC：1個

丸カン　チェーン　丸カン　カニカン　アジャスター
連爪　チェーンエンド　チャーム

P.88 U字金具ネックレス

材料
ファイアポリッシュ(6mm/茶)PC：31個
ファイアポリッシュ(6mm/青)PC：20個
ガラスビーズ(6mm/黒)PC：20個
ファイアポリッシュ(6mm/クリア)PC：6個
チェコビーズ(バイコーン20×8mm/薄茶)PC：4個
ロンデル(5mm/ロジウム)PC：8個
ナイロンコートワイヤー(0.3mm)PC：75cm×1本
U字金具(4.5×3.5mm/ロジウム)PC：2個
つぶし玉(1.5mm/ロジウム)：2個
丸カン(0.7×3.5mm/ロジウム)PC：2個
クラスプ(ロジウム)：1組

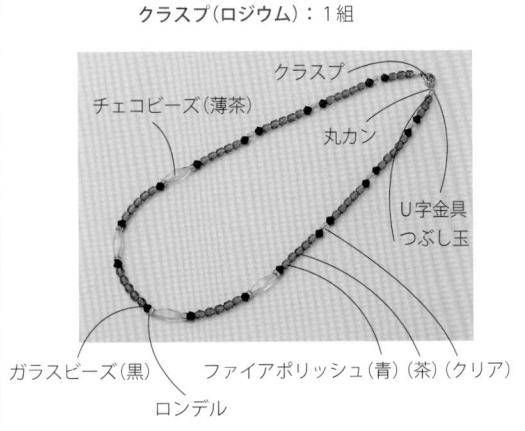

チェコビーズ(薄茶)　クラスプ
丸カン
U字金具
つぶし玉
ガラスビーズ(黒)　ファイアポリッシュ(青)(茶)(クリア)
ロンデル

(P.87) リボン留めネックレス

コットンパール / メタルビーズ / 丸カン / リボン留め / リボン

材料

コットンパール(12mm/白)PC：12個
メタルビーズ(2.5mm/ゴールド)PC：11個
テグス(3号)：30cm×1本
ボールチップ(3mm/ゴールド)PC：2個
つぶし玉(1.5mm/ゴールド)：2個
丸カン(0.7×3.5mm/ゴールド)PC：2個
リボン留め(10mm/ゴールド)PC：2個
リボン(ベルベット/10mm幅/ブラック)PC：50cm×2本

パール部分の作り方

① テグスの端につぶし玉でボールチップをつけます。
② パーツをテグスに通します。
③ 通し終わったら、ボールチップとつぶし玉で端の処理をします。
④ パール部分のパーツができあがり。

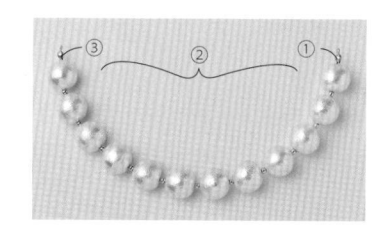

(P.90) 華やかな3点セット ブレスレット

材料

アクリルビーズ(16×16×6mm/黒・ゴールド)PC：2個
アクリルビーズ(16×16×6mm/クリア・ゴールド)PC：1個
アクリルビーズ(12×12×8mm/クリア・ゴールド)PC：1個
アクリルビーズ(15×9×4mm/クリア・ゴールド)PC：2個
チェコビーズ(バイコーン20×8mm/黒)PC：1個
メタルビーズ(丸/12mm/ゴールド)PC：1個
透かし金具(角/15mm/ゴールド)PC：1個
9ピン(0.6×40mm/ゴールド)PC：8本
丸カン(0.5×3.5mm/ゴールド)PC：4個
引き輪(6mm/ゴールド)PC：1個
ダルマカン(6×4mm/ゴールド)PC：1個

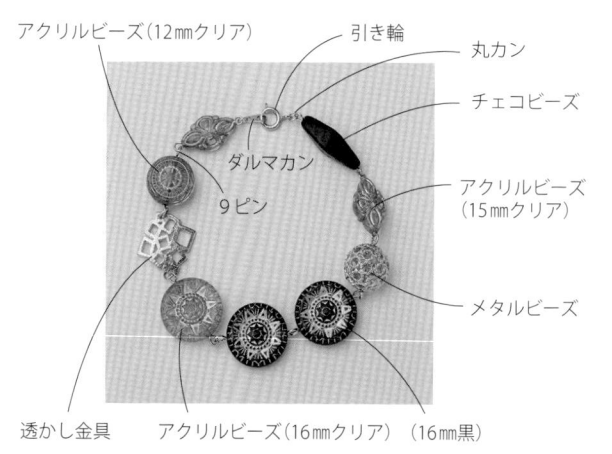

アクリルビーズ(12mmクリア) / 引き輪 / 丸カン / チェコビーズ / ダルマカン / 9ピン / アクリルビーズ(15mmクリア) / メタルビーズ / 透かし金具 / アクリルビーズ(16mmクリア) / (16mm黒)

(P.90) 華やかな3点セット ピアス

材料

透かし金具(角/15mm/ゴールド)PC：2個
アクリルビーズ
　(12×12×8mm/クリア・ゴールド)PC：2個
メタルビーズ(丸/4mm/ゴールド)PC：2個
チェコビーズ(ダガー5×16mm/黒)PC：4個
9ピン(0.6×40mm/ゴールド)PC：2本
三角カン(0.6×5mm/ゴールド)PC：2個
丸カン(0.5×3.5mm/ゴールド)PC：2個
ピアス金具(フック/ゴールド)PC：1組

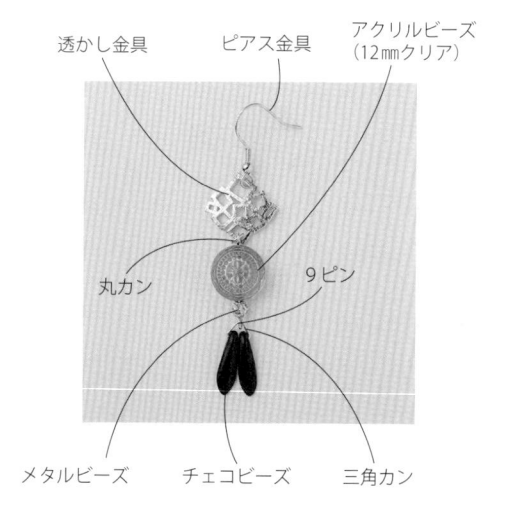

透かし金具 / ピアス金具 / アクリルビーズ(12mmクリア) / 丸カン / 9ピン / メタルビーズ / チェコビーズ / 三角カン

P.92 ビーズピアス

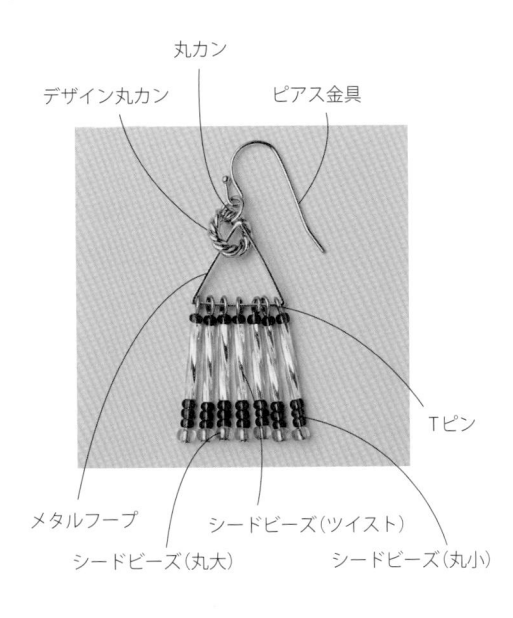

デザイン丸カン
丸カン
ピアス金具

メタルフープ
シードビーズ(丸大)
シードビーズ(ツイスト)
Tピン
シードビーズ(丸小)

材料

メタルフープ(三角/15mm/ゴールド)PC：2個
デザイン丸カン(8mm/ゴールド)PC：2個
シードビーズ(丸大/ゴールド)PC：14個
シードビーズ(丸小/緑)PC：56個
シードビーズ(ツイスト/20×1.2mm/ゴールド)PC：14個
丸カン(0.6×4mm/ゴールド)PC：2個
デザイン丸カン(8mm/ゴールド)PC：2個
Tピン(0.6×30mm/ゴールド)PC：9本
ピアス金具(フック/ゴールド)PC：1組

作り方

① Tピンにビーズを通し輪を作り、パーツを作ります。
② メタルフープ(三角)に①を7個つけます。
③ メタルフープ(三角)とピアス金具を丸カンとデザイン丸カンで
つけ、できあがり。

P.100 テグスビーズリング

材料

石座付きストーン(10×5mm/水色)PC：1個
シードビーズ(竹/3mm/ゴールド)PC：4個
パールビーズ(3mm/白)PC：2個
シードビーズ(丸大/ゴールド)PC：26個
テグス(3号)PC：30cm×1本

シードビーズ(丸大)

パールビーズ　シードビーズ(竹)　石座付きストーン

P.100 ワイヤービーズリング

材料

チェコビーズ(ラウンド6mm/ピンク)PC：1個
メタルビーズ(4mm/ゴールド)PC：2個
パールビーズ(3mm/白)PC：2個
ワイヤー(0.3mm/ゴールド)PC：30cm×1本

ワイヤー

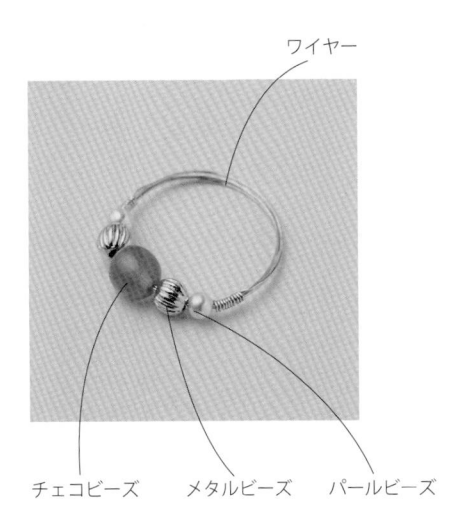

チェコビーズ　メタルビーズ　パールビーズ

P.98 パーツを貼るリング

✻材料は P.99

花パーツの作り方

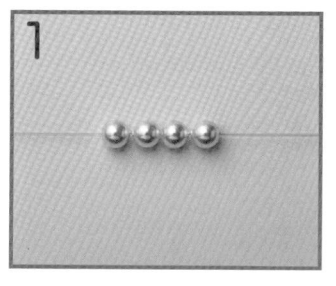

1 パールビーズ4個をテグスに通します。

4 テグスを引いて、ビーズを中心に合わせます。

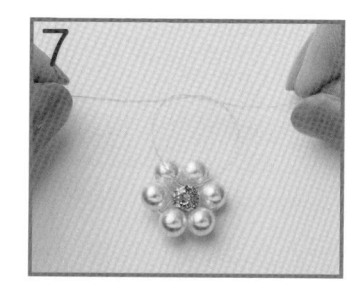

7 テグスを結びます。

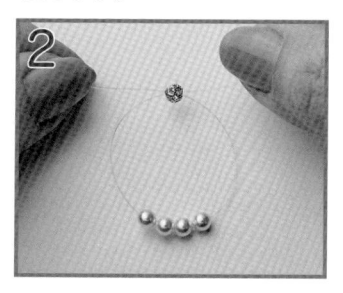

2 メタルビーズにテグスの両端を通します。

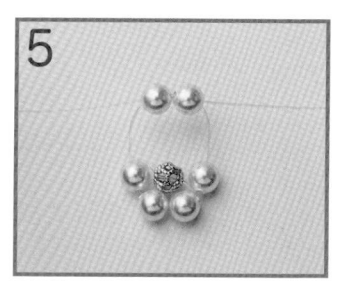

5 パールビーズ2個にテグスを両端から通します。

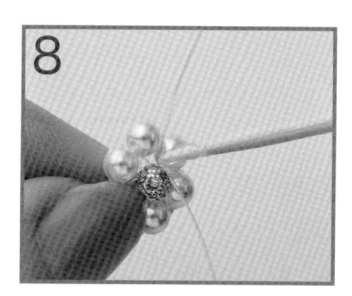

8 結び目に接着剤をつけます。

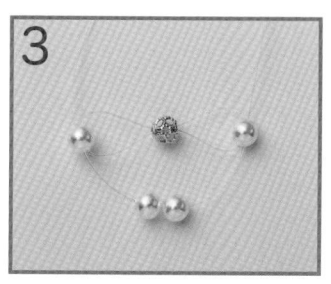

3 1で通したパールの両端の1個ずつを下から上に通します。

6 メタルビーズにテグスの両端を通し、引き締めて形を整えます。

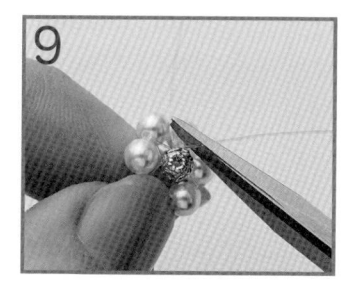

9 余分なテグスを切ります。

できあがり

P.101 スライドボールチェーンリング

材料
チャーム（クロス/1cm/ゴールド）PC：1個
スライドボール（3mm/ゴールド）：1個
丸カン（0.5×3.5mm/ゴールド）PC：2個
チェーン（ゴールド）PC：7cm×1本

チェーン

スライドボール

チャーム

丸カン

P.110 パーツが下がるヘアゴム

材料
アクリルパーツ（花びら/18×13mm/白）PC：3個
アクリルパーツ（花びら/18×13mm/ピンク/
　　　　　　　　ブルー/ベージュ）PC：各2個
デザイン丸カン（1.2×10mm/ゴールド）PC：1個
丸カン（0.8×5mm/ゴールド）PC：9個
丸カン（0.7×3.5mm/ゴールド）PC：1個
ヘアゴム（カン付き/ゴールド）PC：1個

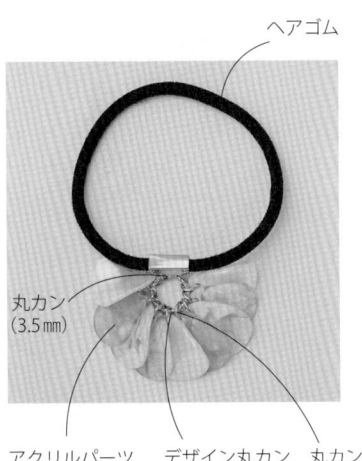

ヘアゴム

丸カン
（3.5mm）

アクリルパーツ　デザイン丸カン　丸カン（5mm）

P.102 天然石ブレスレット

材料
天然石（ターコイズ/3×2.3cm）：1個
メタルビーズ（4mm/ゴールド）PC：2個
ワイヤー（0.5mm/ゴールド）PC：
　　　　120cm×1本、40cm×1本、10cm×3本

作り方

① 缶を芯に、120cmのワイヤーを片側を5cm残して5周巻きます。（作品は直径6.5cmの缶を使用）
②〜⑧ P.103のリング②〜⑧と同様に作ります。（③⑤：巻き数は各11回、⑥：巻きつけるワイヤーは40cm）
⑨ 10cmのワイヤーを石の反対側とその間、合計3ヶ所に11回巻きつけます。
⑩ 余分のワイヤーを切り、できあがり。

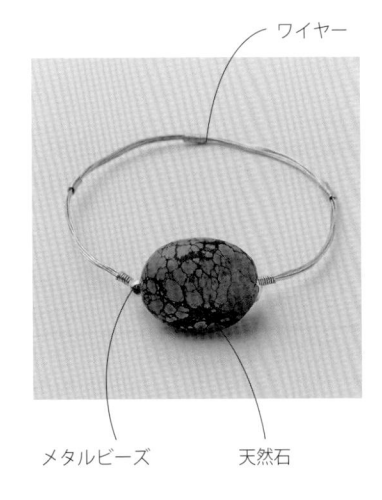

ワイヤー

メタルビーズ　　　天然石

P.120 ビジューカチューシャ

パーツ位置

石座付きストーン

〈実物大〉

ファイアポリッシュ　パールビーズ　ワイヤー

P.104 シャワー金具リング

パーツ位置

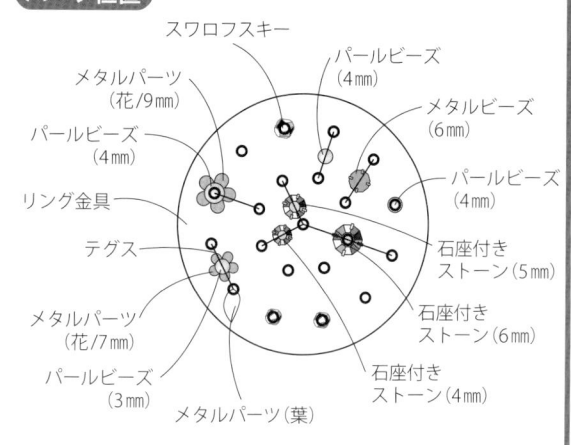

- スワロフスキー
- パールビーズ（4mm）
- メタルパーツ（花/9mm）
- パールビーズ（4mm）
- メタルビーズ（6mm）
- パールビーズ（4mm）
- リング金具
- テグス
- 石座付きストーン（5mm）
- メタルパーツ（花/7mm）
- 石座付きストーン（6mm）
- パールビーズ（3mm）
- 石座付きストーン（4mm）
- メタルパーツ（葉）

P.110 シャワー金具ヘアゴム

材料

コスモビーズ（12mm/黒）PC：1個
アクリルビーズ（12mm/青）PC：3個
アクリルビーズ（スジ入り/8mm/クリア・ゴールド）
PC：3個
シードビーズ（丸小/ゴールド）：7個
テグス（3号）PC：50cm×1本
ヘアゴム（シャワー17mm/ゴールド）PC：1個

- ヘアゴム
- シードビーズ

パーツ位置

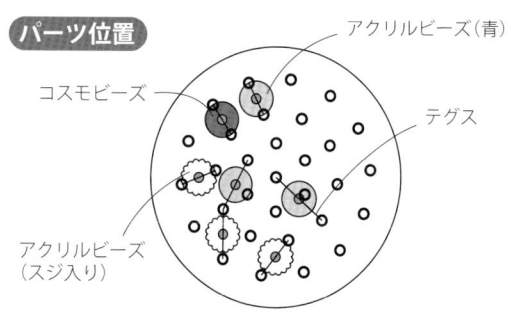

- アクリルビーズ（青）
- コスモビーズ
- テグス
- アクリルビーズ（スジ入り）

P.104 シャワー金具ネックレス

材料

ペンダントトップ（シャワー14mm/ゴールド）：1組
チェーン（ゴールド）PC：40cm×1本
丸カン（0.6×4mm/ゴールド）PC：3個
カニカン（7.5mm/ゴールド）PC：1個
アジャスター（ゴールド）PC：1個
※ビーズ・パーツの材料はシャワー金具リングと
同じでP.105

作り方

① シャワー金具にパーツをつけます。
（パーツのつけ方はシャワー金具リングと同じ）
② シャワー金具をペンダントトップ本体にはめ、ツメを折ります。
③ ペンダントトップのカンに丸カンをつけて、チェーンに通します。
④ チェーンの先に丸カンでカニカンとアジャスターをつけて、できあがり。

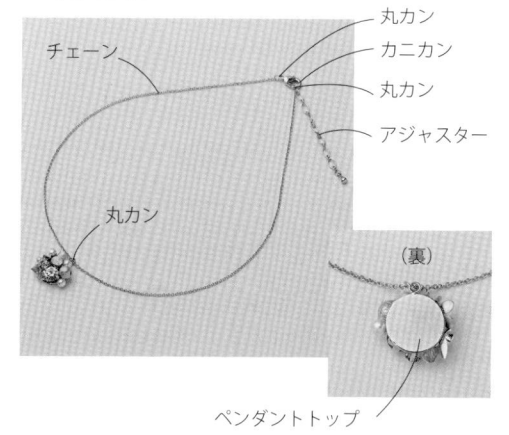

- チェーン
- 丸カン
- カニカン
- 丸カン
- アジャスター
- 丸カン
- （裏）
- ペンダントトップ

P.111 貼るだけヘアピン

材料

コットンパール（片穴/10mm/白）PC：1個
連爪（3mm/クリスタル・ゴールド）PC：5cm×1本
透かし金具（14mm/ゴールド）PC：1個
ヘアピン（平皿10mm/ゴールド）PC：1個

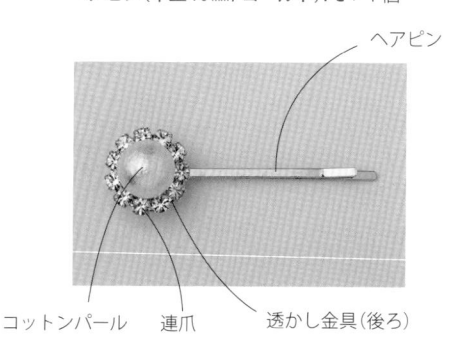

- ヘアピン
- コットンパール
- 連爪
- 透かし金具（後ろ）

P.111 パーツの下がるヘアピン

材料
パールビーズ(4mm/白)PC：7個
メタルビーズ(3mm/ゴールド)PC：2個
チャーム(リング/13mm/クリスタル・ゴールド)
PC：1個
丸カン(0.7×3.5mm/ゴールド)PC：1個
ヘアピン(2カン付き/ゴールド)PC：1個
テグス(3号)PC：20cm×1本

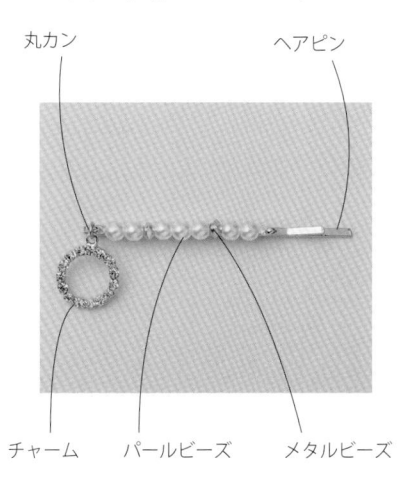

丸カン　ヘアピン

チャーム　パールビーズ　メタルビーズ

P.112 ビーズバレッタ

材料
アクリルビーズ(スジ入り/12mm/白)PC：4個
アクリルビーズ(スジ入り/12mm/黒)PC：3個
メタルビーズ(4mm/ゴールド)PC：12個
バレッタ(8.5cm/ゴールド)PC：1個
テグス(3号)PC：100cm×1本

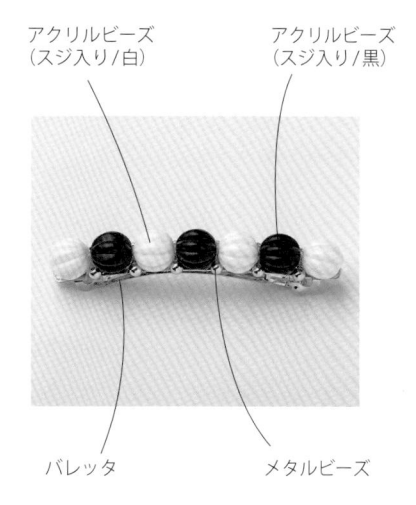

アクリルビーズ　アクリルビーズ
(スジ入り/白)　(スジ入り/黒)

バレッタ　メタルビーズ

P.112 ビーズヘアクリップ

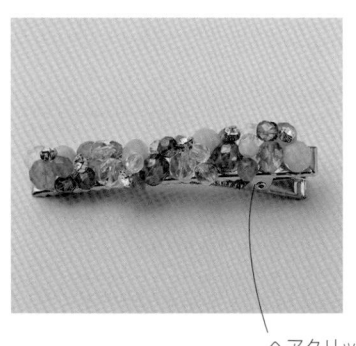

ヘアクリップ

材料
ファイアポリッシュ(8mm/クリスタル/薄いピンク)PC：各4個
ファイアポリッシュ(8mm/ピンク)PC：3個
ファイアポリッシュ(8mm/濃いピンク)PC：2個
ファイアポリッシュ(8mm/オーロラピンク)PC：1個
ファイアポリッシュ(6mm/濃いピンク)PC：6個
ファイアポリッシュ(6mm/ピンク)PC：4個
ファイアポリッシュ(6mm/オーロラピンク)PC：2個
ファイアポリッシュ(6mm/薄いピンク)PC：1個
ファイアポリッシュ(5mm/クリスタル)PC：2個
石座付きストーン(4mm/クリスタル・ロジウム)PC：6個
ヘアクリップ(8cm/ロジウム)PC：1個
テグス(3号)PC：100cm×1本

〈実物大〉

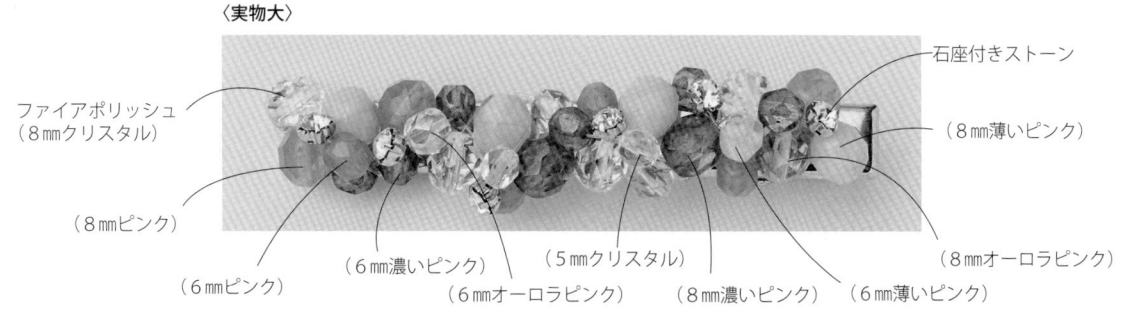

石座付きストーン

ファイアポリッシュ
(8mmクリスタル)

(8mm薄いピンク)

(8mmピンク)

(6mm濃いピンク)　(5mmクリスタル)

(8mmオーロラピンク)

(6mmピンク)　　(6mmオーロラピンク)　(8mm濃いピンク)　(6mm薄いピンク)

P.113 ビーズ刺しゅうバレッタ

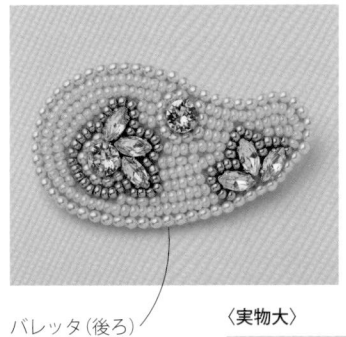

バレッタ(後ろ)

材　料	

フェルト(クリーム)：12×8cm
接着芯(厚手/白)：12×8cm
木綿地(厚手/白)：12×8cm
スワロフスキー(#1088/8mm/クリスタル)PC：2個
石座(ゴールド)PC：2個
石座付きストーン(10×5mm/クリスタル)PC：6個
パールビーズ(3mm/白)：適量
シードビーズ(丸大/ゴールド/白)：各適量
バレッタ(6cm/ロジウム)PC：1個

〈実物大〉

パールビーズ
スワロフスキー・石座
シードビーズ(ゴールド)
シードビーズ(白)
石座付きストーン

ビーズ刺しゅうの刺し方

◀左に進む

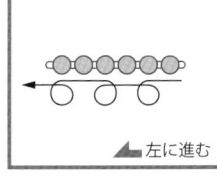

1 端から糸を出し、ビーズを針に2粒通し、ビーズの幅分先に、針を入れます。

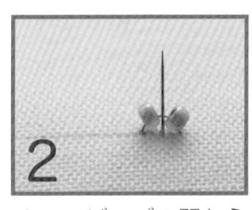

2 2つのビーズの間から針を出します。

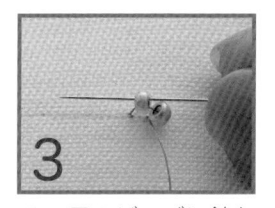

3 2つ目のビーズに針を通します。

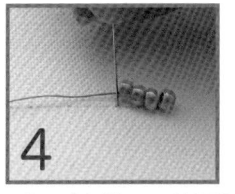

4 ビーズを針に2粒通し、ビーズの幅分先に、針を入れます。

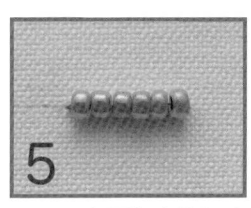

5 2〜4と同じようにくり返します。

P.114 キラキラコーム

コーム

材料
メタルパーツ(花大/21mm/ゴールド)PC：1個
メタルパーツ(花小/14mm/ゴールド・ツヤ消し)PC：2個
パールビーズ(8mm/白/白・ツヤ消し)PC：各3個
パールビーズ(4mm/白)PC：8個
石座付きストーン(6mm/クリスタル・ゴールド)PC：4個
石座付きストーン(4mm/クリスタル・ゴールド)PC：2個
石座付きストーン(10×5mm/クリスタル・ゴールド)PC：2個
テグス(3号)PC：100cm×1本
コーム(6cm/ゴールド)PC：1個

メタルフラワー(14mm)　石座付きストーン(6mm)
〈実物大〉　石座付きストーン(10×5mm)　石座付きストーン(4mm)

メタルフラワー(21mm)
パールビーズ(4mm)

パールビーズ　パールビーズ
(8mm白・ツヤ消し)　(8mm白)

P.115 フラワーコーム

材料
造花(4cm/白)：1個
造花(4cm/青)：2個
造花(小花・葉)：適量
透かし金具(64×24mm/ゴールド)PC：1個
ワイヤー(0.3mm/ゴールド)PC：50cm×1本
コーム(6cm/ゴールド)PC：1個

造花(青)　造花(白)　造花(小花・葉)

コーム　　　　透かし金具

P.115 透かし金具コーム

材料
透かし金具(57×16mm/ゴールド)PC：1個
アクリルビーズ
　(スジ入り/8mm/クリア・ゴールド)PC：3個
メタルビーズ(2.5mm/ゴールド)PC：3個
デザインピン
　(0.6×30mm/クリスタル・ゴールド)PC：3本
丸カン(0.6×4mm/ゴールド)PC：3個
ワイヤー(0.3mm/ゴールド)PC：10cm×1本
コーム(4cm/ゴールド)PC：1個

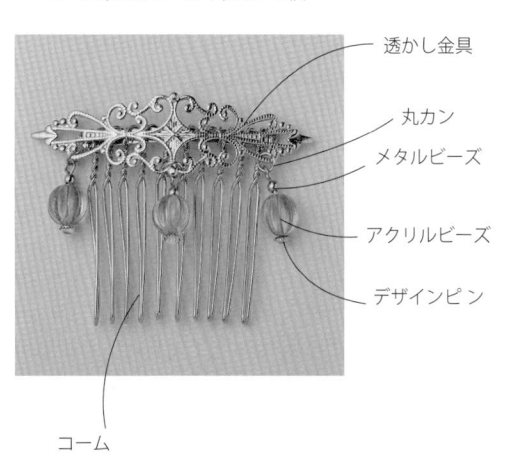

透かし金具
丸カン
メタルビーズ
アクリルビーズ
デザインピン

コーム

透かし金具とリボンの
ヘアバンド

材料
透かし金具（31×18mm／ゴールド）PC：10個
コットンパール（6mm／白）PC：10個
石座付きストーン（10×5mm／クリスタル・ゴールド）PC：20個
丸カン（0.6×4mm／ゴールド）PC：11個
リボン（ベルベット／6mm幅／黒）PC：40cm×2本
リボン留め（6mm／ゴールド）PC：2個

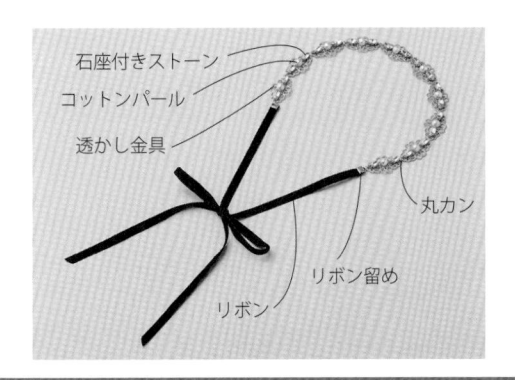

石座付きストーン
コットンパール
透かし金具
丸カン
リボン留め
リボン

リボンカチューシャ

材料
リボン（グログラン／4cm幅／黒）：
60cm×1本
カチューシャ（グログラン9mm幅／黒）：
1個

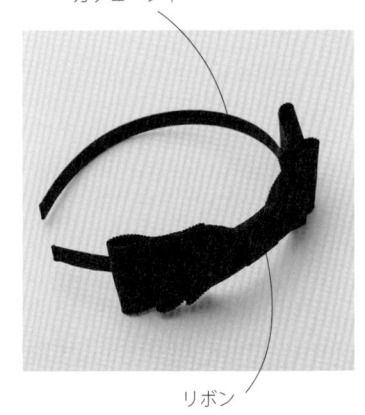

カチューシャ
リボン

ビーズ刺しゅうのリボン型バレッタ＆ピアス

材料
＜ピアス＞
スワロフスキー（#1088／8mm／緑）PC：2個
石座（ロジウム）PC：2個
パールビーズ（4mm／白）PC：18個
シードビーズ（丸大／シルバー）：各適量
フェルト（白）：10×5cm
接着芯（厚手／白）：10×5cm
木綿地（厚手／白）：10×5cm
ピアス金具（平皿6mm／ゴールド）PC：1組

作り方
＜ピアス＞
①〜④ P118のバレッタと同じです。
⑤ 全て縫い付け、裏側に布を貼り、丸く切ります。
⑥ 裏側にピアス金具をつけ、できあがり。

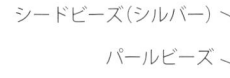

シードビーズ（シルバー）
パールビーズ
スワロフスキー・石座

〈実物大・正面〉

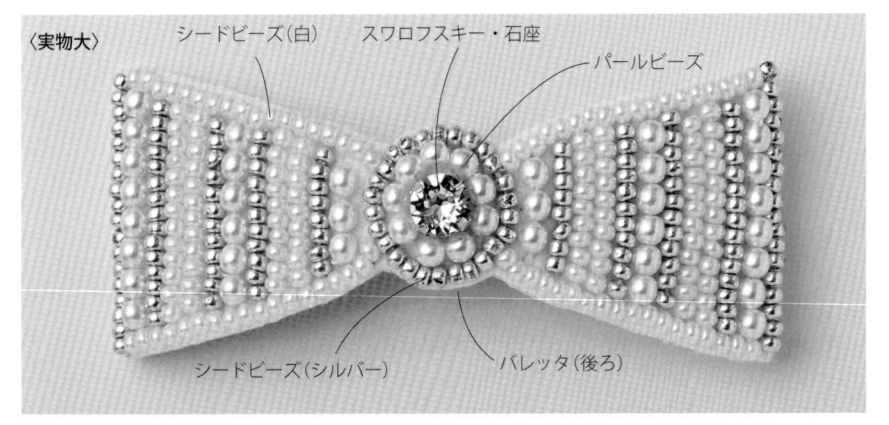

〈実物大〉
シードビーズ（白）
スワロフスキー・石座
パールビーズ
シードビーズ（シルバー）
バレッタ（後ろ）

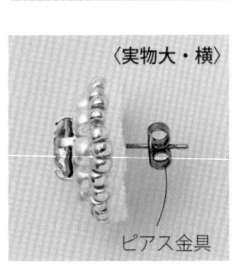

〈実物大・横〉
ピアス金具

P.128 フェザーチャーム

材料
フェザー（ニワトリ/9cm/茶）：2個
フェザー（グース/4cm/水色）：2個
アクリルビーズ（スジ入り/12mm/クリア・ゴールド）
　PC：2個
カシメ（1.2mm/ゴールド）PC：4個
座金（10mm/ゴールド）PC：2個
玉ピン（0.6×30mm/ゴールド）PC：2本
透かし金具（スクエア/20mm/ゴールド）PC：2個
丸カン（0.6×4mm/ゴールド）PC：6個
バッグチャーム金具（16cm/ゴールド）PC：1個

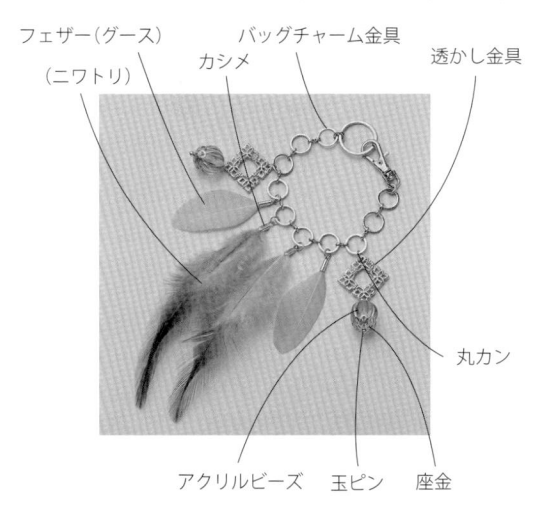

フェザー（グース）
（ニワトリ）
カシメ
バッグチャーム金具
透かし金具
丸カン
アクリルビーズ　玉ピン　座金

P.129 透かし金具のブローチ

材料
透かし金具（30mm/ゴールド）PC：1個
メタルパーツ（花/15mm/ゴールド・ツヤ消し）PC：1個
石座付きストーン（4mm/クリスタル・ゴールド）
　PC：1個
スワロフスキー（#6010/13×6.5mm/緑）PC：1個
丸カン（0.7×3.5mm/ゴールド）PC：1個
ワイヤー（0.4mm/ゴールド）PC：30cm×1本
ブローチピン（25mm/ゴールド）PC：1個

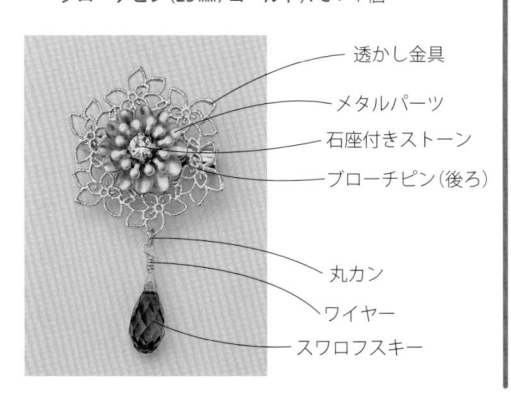

透かし金具
メタルパーツ
石座付きストーン
ブローチピン（後ろ）
丸カン
ワイヤー
スワロフスキー

P.130 貼るキラキラブローチ

材料
メタルパーツ（花9mm/ゴールド・ツヤ消し）PC：2個
石座付きストーン
　（3mm/クリスタル・ゴールド）PC：2個
石座付きストーン
　（4mm/クリスタル・ゴールド/青・
　ゴールド/オレンジ・ゴールド）：各5個
ブローチピン（リング/30mm/ゴールド）PC：1個

メタルフラワー
石座付きストーン
（3mm）
ブローチピン
石座付きストーン
（4mmクリスタル）
石座付きストーン
（4mmオレンジ）
石座付きストーン
（4mm青）

P.130 カブトピン三連ブローチ

材料
コットンパール（10mm/白）PC：3個
メタルパーツ（葉/31×10mm/ゴールド）PC：2個
つなぎパーツ（5.5mm/クリスタル・ゴールド）
　PC：2個
デザインピン（0.6×30mm/クリスタル・ゴールド）
　PC：3本
丸カン（0.5×3.5mm/ゴールド）PC：5個
カブトピン（3カン付き/4.3cm/ゴールド）PC：1個

丸カン
つなぎパーツ
丸カン
カブトピン
コットンパール　デザインピン　メタルパーツ

P.132 リボンブローチ

材料 リボン（オーガンジー /4cm幅/青）：92cm
スワロフスキー（#1088/8mm/クリスタル）PC：2個
石座（ロジウム）PC：2個
パールビーズ（6mm/白）：2個
パールビーズ（4mm/白）：4個
ブローチ金具（平皿22×15mm/ロジウム）PC：1個

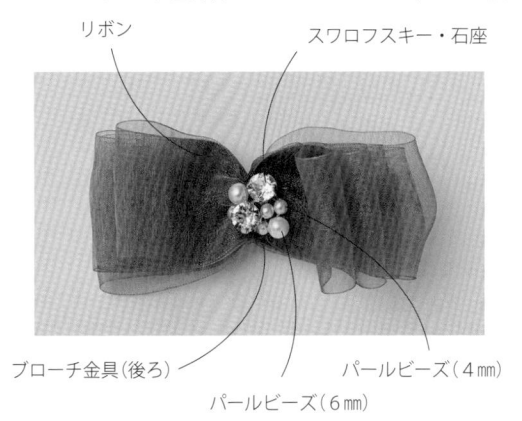

リボン
スワロフスキー・石座
ブローチ金具（後ろ）
パールビーズ（4mm）
パールビーズ（6mm）

P.132 リボンのお花ブローチ

材料 リボン（オーガンジー /4cm幅/茶）：100cm
パールビーズ（8mm/白）：3個
座金（12mm/ゴールド）：3個
ブローチ金具（平皿22×15mm/ゴールド）PC：1個

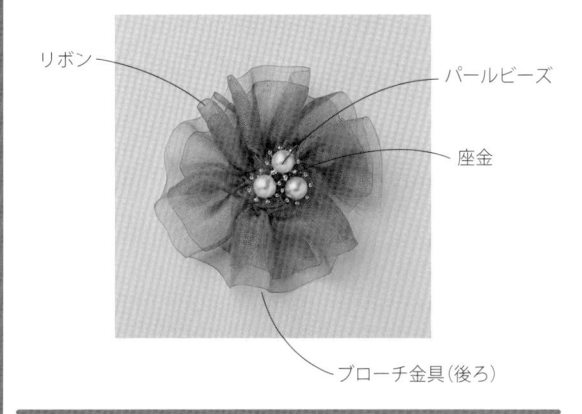

リボン
パールビーズ
座金
ブローチ金具（後ろ）

P.133 リボンバレッタ

材料 リボン（サテン/4cm幅/ベージュ）：35cm
石座付きストーン（6mm/クリスタル・ゴールド）
PC：4個
透かし金具（6mm/ゴールド）PC：5個
パールビーズ（4mm/白）：5個
バレッタ（6cm/ゴールド）PC：1個

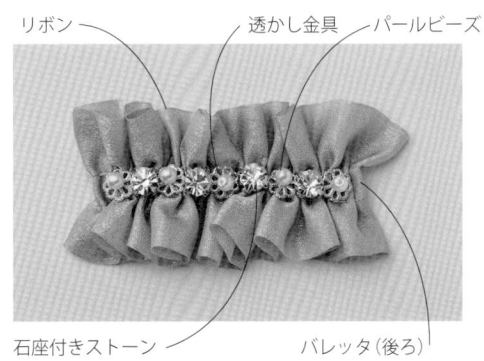

リボン
透かし金具
パールビーズ
石座付きストーン
バレッタ（後ろ）

P.133 リボンバナナクリップ

材料 リボン（ストライプオーガンジー /2.5cm幅/黒）：80cm
リボン（サテン/2.5cm幅/黒）：62cm
バナナクリップ（11.5cm/黒）PC：1個

リボン
（ストライプオーガンジー /50cm）
リボン
（ストライプオーガンジー /30cm）
リボン（サテン/42cm）
リボン（サテン/20cm）
バナナクリップ

ワンポイントアドバイス

金具をかえてもOK！
ブローチやヘア小物の作品は、金具をかえればどちらに
することもできます。
好きなデザインがあったら、おそろいもいいですね。

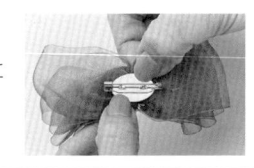

P.134 **糸を巻くだけピアス・色違いブローチ/ピアス**

材料
＜ピアス＞
変わり糸（ブルー系5種）：各適量
アクリルパーツ（花びら/18×13mm/白）PC：2個
丸カン（0.8×5mm/ロジウム）PC：2個
丸カン（0.6×4mm/ロジウム）PC：2個
ピアス金具（フック/ロジウム）PC：1組

作り方

① 糸を5本取りで1回巻きのタッセルを作ります。
　　※タッセルの詳しい作り方はP.52
② アクリルパーツを丸カン（4mm）でタッセルの結び糸につけます。
③ タッセルの丸カン（5mm）にピアス金具をつけ、できあがり。

材料
＜色違いブローチ＞
変わり糸（グリーン系5種）：各適量
アクリルパーツ（花びら/18×13mm/ブルー）PC：2個
ブローチ金具（リング30mm/ロジウム）PC：1個

＜色違いピアス＞
変わり糸（グリーン系5種）：各適量
アクリルパーツ（花びら/18×13mm/白）PC：2個
丸カン（0.8×5mm/ロジウム）PC：2個
丸カン（0.6×4mm/ロジウム）PC：2個
ピアス金具（フック/ロジウム）PC：1組

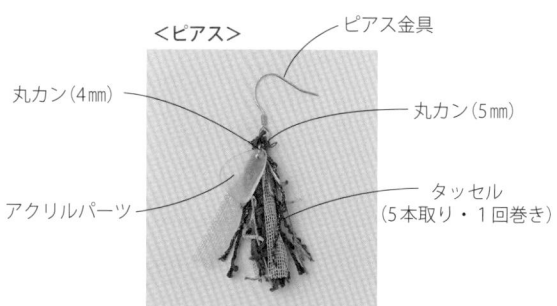

＜ピアス＞

ピアス金具

丸カン（4mm）

丸カン（5mm）

アクリルパーツ

タッセル
（5本取り・1回巻き）

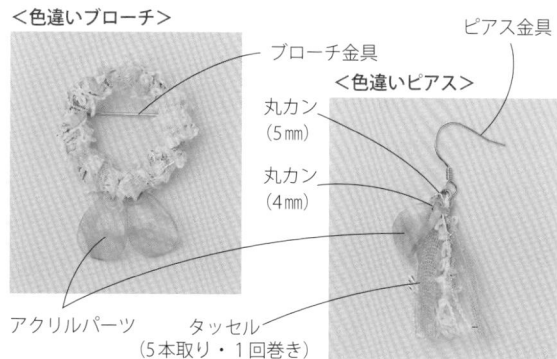

＜色違いブローチ＞

ブローチ金具

ピアス金具

＜色違いピアス＞

丸カン（5mm）

丸カン（4mm）

アクリルパーツ

タッセル
（5本取り・1回巻き）

用具・材料の取り扱いショップ

PARTS CLUB

● 本書で掲載している作品の材料の多くは PARTS CLUB のものを使用しています。
● 材料表記に PC と入っているものは PARTS CLUB の商品です。販売終了になることもありますので、ご了承ください。

PARTS　CLUB　本店

住所/東京都台東区柳橋1丁目20番1号　1階～3階
電話/03（3863）8482
営業時間/9時30分～19時30分
　　　　　（日曜・祝日は18時30分閉店。土曜が祝日の場合は19時30分閉店）

ビーズ＆アクセサリーショップ「PARTS CLUB」の旗艦店。
1階～3階までの3フロアで構成され、約6万点の商品が並ぶ
ビーズ・アクセサリーパーツの大型ショップです。
店舗正面の壁面にはヤットコの形の時計が設置されており、
ビーズ街「浅草橋」のランドマーク的な存在。
店内はベージュを基調とした内装で、優しい光の照明が商品を美しく照らします。
ビーズやパーツの組み合わせを自由に選べるのはもちろん、
3階には30席あるアトリエルームがあり、ワークショップやイベントが連日開催されています。

寺西 恵里子（てらにし えりこ）

（株）サンリオに勤務し、子ども向けの商品の企画デザインを担当。退社後も "HAPPINESS FOR KIDS" をテーマに手芸、料理、工作を中心に手作りのある生活を幅広くプロデュース。その創作活動の場は、実用書、女性誌、子ども雑誌、テレビと多方面に広がり、手作りを提案する著作物は 600 冊を超える。

スタッフ

装丁・デザイン ● ネクサスデザイン　YU-KI
撮影 ● 奥谷 仁　安藤 友梨子
作品制作 ● 池田 直子　渡邉 展子　森 留美子　千枝 亜紀子　HAYURU
編集担当 ● 宮川 知子（主婦の友社）

協 力

● パーツクラブ
〒111-0052　東京都台東区柳橋1-20-1 エンドレスビル
0120 (46) 8290　9時30分〜17時（土曜・日曜・祝日と12時〜13時除く）
https://www.partsclub.jp

基本がいちばんよくわかるアクセサリーのれんしゅう帳
2019年5月31日　第1刷発行

著 者　寺西 恵里子
発行者　矢﨑 謙三
発行所　株式会社 主婦の友社
　　　　〒101-8911　東京都千代田区神田駿河台2-9
　　　　電話 03-5280-7537（編集）
　　　　　　　03-5280-7551（販売）
印刷所　大日本印刷株式会社

©Eriko Teranishi 2019　Printed in Japan　ISBN978-4-07-436507-4

● 本書の内容に関するお問い合わせ、また、印刷・製本など製造上の不良がございましたら、主婦の友社（電話03-5280-7537）にご連絡ください。

● 主婦の友社が発行する書籍・ムックのご注文は、お近くの書店か主婦の友社コールセンター（電話0120-916-892）まで。
＊お問い合わせ受付時間　月〜金（祝日を除く）9:30〜17:30

主婦の友社ホームページ　http://www.shufunotomo.co.jp/